Letter. 19 FOR READERS

微小但踏實的未來

「未來」是個很有意思的詞彙，理解時可能會有時間維度、具有夢想性、有點遙遠的、不確定性……等等感知，普遍的概念是指涉尚未發生、充滿未知的事物，是一個需要抵達的目標。

有趣的是，Davina Cooper 提出的「日常烏托邦」試圖打破這種既定感知，「未來不再是遠離現在的抽象時間點，未來也不一定要宏大完美，而是在當下透過不斷實驗、體現和建構的過程，由當下的行動力量持續累積。」她認為在日常生活中創造「微小但真實」的烏托邦實踐，既是對未來的預演，也是對現有社會秩序的挑戰和重新想像。

「微小但真實」，正是我對有靈魂、有想法的地方慶典感受到的。深入理解這些慶典後，會發現籌備過程和方法未必最重要，而是為何要舉辦、舉辦後想留下什麼、後續影響了什麼？當這些答案清晰明瞭、行動自然會號召有志者，即便一開始不那麼明確、但在追尋和思考的過程，行動已經開展。這段過程，不正是從「當下」推進到「未來」的微觀尺度？

慶典中的每一位，不管是工作團隊、志工夥伴和參加群眾，只要能察覺和享受其中，就參與了改變未來的行動，從而再帶著不見得說的清楚的什麼，融合演化成各自的未來方向。因此我認為，慶典的力量是這樣來的，透過許多小小的、個人的日常實踐，長出一百種未來。

這一百種未來，如果是奠基在讓地方有活力、創造讓人期盼的生活樣態，地方想必就沒有崩壞的一天。因為，理想生活不在未來，在當下進行中的每一天、每一件事。

地味手帖主編 董淨瑋

慶典
ebration

一個
One Cel

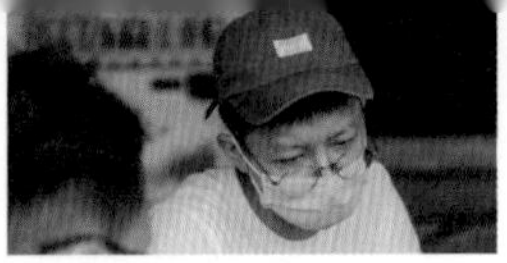

種

ed

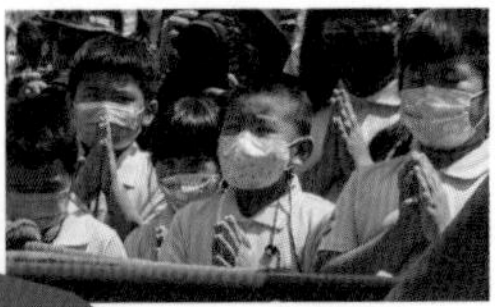

未

Futures

一百

A Hund

未

插畫— Mu Ling

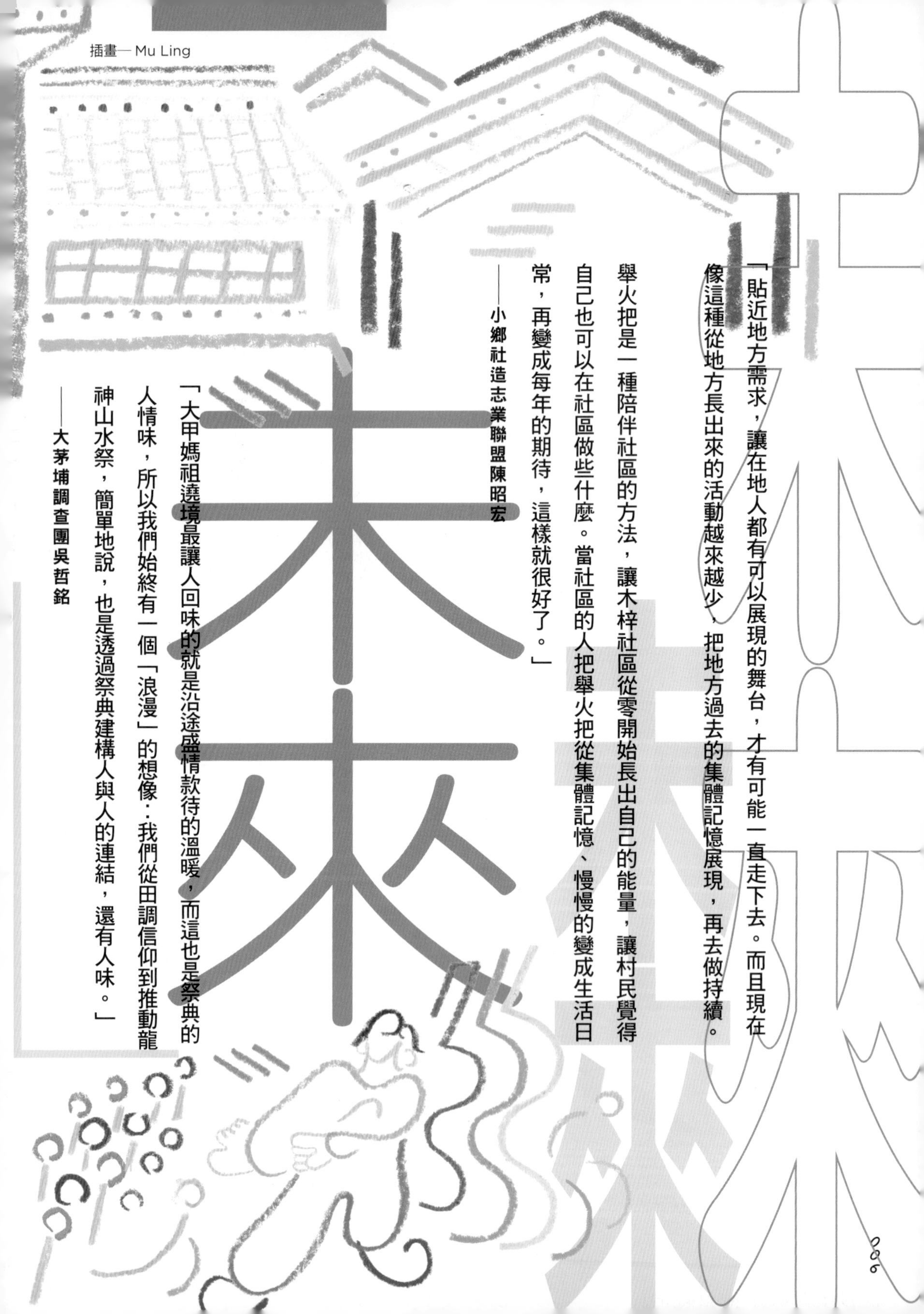

「貼近地方需求，讓在地人都有可以展現的舞台，才有可能一直走下去。而且現在像這種從地方長出來的活動越來越少，把地方過去的集體記憶展現，再去做持續。舉火把是一種陪伴社區的方法，讓木梓社區從零開始長出自己的能量，讓村民覺得自己也可以在社區做些什麼。當社區的人把舉火把從集體記憶、慢慢的變成生活日常，再變成每年的期待，這樣就很好了。」

——**小鄉社造志業聯盟陳昭宏**

「大甲媽祖遶境最讓人回味的就是沿途盛情款待的溫暖，而這也是祭典的人情味，所以我們始終有一個「浪漫」的想像：我們從田調信仰到推動龍神山水祭，簡單地說，也是透過祭典建構人與人的連結，還有人味。」

——**大茅埔調查團吳哲銘**

未來

「我們護水的水是來自濁水溪，土壤是黑色的，黑色的土壤——黑泥季！當我們找到一個重新定位地方文化活動的追求，就打開了對農村文化與議題上更多的嚮往，期待找到更多對土地的認同。」

——彰化縣莿仔埤圳產業文化協會巫宛萍

「伏流祭是返鄉與移居的人們，合力送給家鄉的一封情書，內容投注了期待、自我認同與對於未來無盡的想像。」

——雲林１００種生活在地藝文協會蘇育瑩

「我們只要把在地的文化和餐點演繹好，其實會有人來關注這塊地方，所以一開始用這樣的策略去做，當然以商業考量絕對是賠錢的生意……可是月食祭的定義對我來說就是讓大家看見左鎮，我把它當作是一個行銷的方法。」

——左達工作室賴政達

「現在這些活動可以讓外面的人，有管道進到部落裡認識及學習，真正去體驗原住民的祭儀文化，用很多方式認識我們的生活，也學會尊重。」

——土坂部落Paules Patjaljinuk包辰芸

「我覺得祭儀要繼續傳承下去，大概就是不要把過程弄得很隱藏，要讓孩子從小去看文化、去了解，不要讓很多流程變得很神祕。」

——土坂部落Kuljelje Saljingusan古書政

「很多二十幾歲的年輕人雖然在外地工作，祭儀期間每個禮拜、每個月回來也會覺得幸福，他有自己參與部落的方式。

年輕一代的生活方式和中生代離鄉、在外地落地生根不太一樣，但對文化的認同或是意識比上一代強烈很多，也會在更年輕的時候就開始投入，未來即便是在外地或用任何形式參與，連結感和參與程度應該會很深厚。」

——故火工作室蕭仲廷

未來

「我們做這些事是為了可以生活在這裡，可以創造一個環境，讓大家永續生活在這裡，包含人或動物、植物，也讓部落小孩自在又自信的生活在這裡。」

——節點共創團隊王力之

「意識到只舉辦有活力的活動，是沒辦法把人們留在地方持續生活的，因此啟發了開創事業的想法，也讓參與藝術節的夥伴透過創立事業，在活動結束後可以持續留在鹿港生活。

留下來生活才能持續與地方連結，與節慶期間連結到的緣分持續深化、建立關係，共同面對地方的處境。」

——鹿港囝仔張敬業

「我們不需要每年做藝術季，因為太消耗了，不做藝術季的時間還有很多事情可以做，做什麼？做社區的事情，做社群的事情。」

——節點共創團隊蘇素敏

月光下秋風輕拂，二寮日出平台的餐桌上亮起了溫暖的燈光，眼前層層疊疊的灰白色緩丘，是魔幻的惡地景觀。2020年秋天，台南左鎮區的公舘社區發展協會有一群在地青年，自主發起第一屆「月食祭」，端出從惡地長出的豐富農作物，融合在地特色的飲食文化，發揮創意開發出精緻料理，每一道都蘊含著風土的滋味。

TYPE 1 地方產業

匯聚地方人意志，讓惡地長出月食祭

文字——Fion　攝影——郭宛諭

圖片提供——賴政達

CELEBRATION DATA

活動日期	每年秋天，約 10、11 月期間
活動內容	地景介紹、街區導覽、餐食料理
舉辦頻率	每年舉辦，一年約 2 ～ 4 場梯次
經費來源	大部分為自籌款，2023 年有文化局相關計畫補助，2024 年有水保署相關計畫補助
參與人數	通常每梯次 20 人，2023 年採辦桌形式人數較多，每場活動約有 70 ～ 80 人

座落台南淺山地區的左鎮，是台灣人口老化指數第三高的城鎮，然而近年陸續有青年返鄉，懷抱著理想及創意思維帶動地方發展，讓沉寂多時的村落又重新復甦。

在左鎮老街經營左達商號的賴政達也是其中之一。一直都在外地就學的他說，當初就讀左鎮國小的時候班上只有九人，他永遠都是第一名。三年級以後轉學到外地學校一班有三十幾個人，他變成了最後一名，從小潛意識就對出身偏鄉感到自卑。大學畢業後，因水保局的「農村再生青年回鄉築夢計畫」獲得了返鄉工作的機會。「剛回鄉，人家跟我說左鎮好無聊，我都無力反駁。現在我會說，那是你沒認真玩！這裡有很特別的惡土地形，看似窮山惡水，實際上卻是孕育農作物的天堂。」身為月食祭發起人之一的賴政達談起左鎮，眼神有光，言談之中充滿熱情。

手把手、串連地方人與事的餐桌計畫

公館社區發展協會理事長陳柳足表示，近年透過「埡地生活藝術祭」、「葛鬱金節」，吸引更多人來發現左鎮的美，而其中最令人矚目的活動就是秋天的月食祭了。2020年，多虧協會裡的青年夥伴自主性發起活動，注意到當地漂亮的二寮觀日平台平常只能吸引來看日出的人，實在可惜。於是想到既然當地有很棒的農作物，何不使用這些食材、結合在地的故事，來發展一場餐桌計畫。

當時在公館社區發展協會任職的賴政達，因為跟當地老人

上｜長輩仰賴的小黃公車路線和站點，是協會爭取多年來的成果。

右｜很多人認為惡地貧瘠、不易耕作，陳柳足與團隊藉由活動表現出惡地豐富的食材和文化歷史。

創造讓年輕人進來社區生活的機會，是陳柳足與賴政達共同的目標。

家相處的時間多，發現他們的飲食習慣、處理食材的方式都和現代很不一樣，這或許是個可以發展成特色餐桌計畫的機會。

回憶第一年月食祭籌辦過程，從訪談當地長輩，盤點具有在地特色的食材和飲食方式，然後透過轉譯，再設計出具有創意的餐點。製作研發工作就交給當時協會內對餐食料理有興趣的鍾凱動負責，再加上社區青年團隊協力。那年沒有外部經費支持，幸好有成功大學惡地學生行動組織（NCKU BEST），走進社區發揮創意，取用當地盛產的竹材，設計出富有左鎮特色的場地布置。值得一提的是學生團隊中的杜昆翰，畢業後也選擇留在左鎮經營自己的竹工藝工作室。

第二屆、第三屆同樣延續著「西拉雅飲食文化」主題。第四年，月食祭發展出了新路線，主題為「阿嬤辦桌」，直接請出當地

上｜2023 年以阿嬤辦桌為主題，平均 80 歲的長輩們因活動活絡了起來，完成後也覺得很驕傲。（圖片提供／賴政達）

左｜2024 年邀請許怡慈老師加入，共同調查長輩們的飲食經驗，以此為基礎轉譯成餐食菜式。（圖片提供／賴政達）

長輩提供手路菜。「我們社區很久沒有這麼熱鬧了！」當時負責說菜的岡林教會首位女性長老，今年86歲的羅賢美阿嬤，興奮回憶著。「當時有些身體比較不好的長輩，坐著也要幫忙撿菜、炒米粉、炸物，整個社區的長輩都動員了起來！」長期深耕地方事務的陳柳足認為，近年社區透過發展產業、辦理活動，地方人、地方事才又活絡了起來。

深度盤點大左鎮地區飲食文化

「不敢相信今年月食祭邁入第五屆了！」賴政達除了感動，也不忘反思。像月食祭這樣的活動確實增加了左鎮的知名度，但如何將每一年少少幾場的活動能量持續累積、發酵才是重要課題。他發現有時候明明好不容易才研發出的一道菜，但如果當時負責的廚師離開，之後這道菜就再也做不出來了。以及，常常有朋友反應當看到月食祭相關報導時，活動早就辦完，想參加就要等明年。

今年，賴政達開始嘗試將「永續」概念注入，將每一道食譜流程化、食材量化，而且要設計出社區媽媽就做得出來的菜單。這樣一來即便活動結束，未來也可以透過跟社區廚房訂購，想吃就吃得到。但是要將菜單有系統流程化的工作，社區媽媽們做不到，這勢必得仰賴專業。

今年年初，賴政達決定邀請食農教育講師許怡慈加入，一起攜手合作，從大規模的飲食文化調查開始。長年與當地長輩相處的賴政達發現，找長輩單獨進行訪談時，他們往往客氣含蓄，無法問出什麼。不過當聚集一群長輩時他們會互相打開話匣子，比起一對一，更能激發出交流的火花。於是從今年3月中旬開始，分別在左中社區、公舘社區、童心合憶小學堂失智症據點，號召30位左右的長輩，展開九堂課，進行大左鎮地區飲食文化深度盤點與調查。

完成盤點調查，緊接著細心梳理龐大資料，再轉譯成具有特色的菜式。例如餐桌上這道「葛鬱金涼麵」，起源是當地長輩們有吃冷菜的生活習慣，早年山區燃料缺乏，所以大家都擅長料理冷菜。另一道「烤鹽膚木月桃豬肉」起因是因為從山區前往市集路途遙遠，有時一次就要買足一週的魚和肉。今年75歲，住山區的董榮倫阿嬤回憶：「年輕的時候常常凌晨2點就要出門採買食材，買完再扛著三十幾斤的食材走回家往往都黃昏了，然後回到家第一件事就是要將食材進行處理與保存。」由於追求食材保存期限，當地長輩都擅長醃菜、醃肉。烤鹽膚木月桃豬肉充分展現了當地的醃漬文化。

左｜早期居民使用的葛鬱金粉，成為社區發展產業的亮點。

共創地方友善的就業環境

「想籌措地方經費，辦理月食祭這樣的活動，光靠補助是不夠的。所以我們決定好好發展地方產業，讓政達這些年輕人嘗試將月食祭的菜單商轉，創造經濟規模。」陳柳足期許社區發展協會可以持續創造留住年輕勞動人口的就業機會，社區才有希望！

從小在公舘長大，同時也是陪伴月食祭活動一路壯大的李欣俞，大學畢業在外工作幾年後決定回鄉跟父親一起從事鐵工，後來進入社區協會工作，幾年下來，發現只要有想法，有想實踐的事，故鄉也可以給予茁壯的養分和成長的機會。

賴政達雖然已離開社區發展協會的工作崗位，仍選擇繼續留在左鎮創業，並分享自身經驗給更多有志來左鎮的人。這幾年鎮上出現了常在人文奉茶空間、嘮嘮咖啡館……有越來越多年輕人在這裡孵化自己的夢。無論社區發展協會的夥伴，還是選擇來定居的年輕人，甚至當地長輩們，在他們身上，都散發出既樂觀又憧憬未來的態度，期待著讓更多人認識他們的家鄉，發現惡地不惡，是一塊充滿生命力的地方。

上｜左鎮老街近年來陸續有店家進駐，讓假日的社區多了熱鬧的氣息。

下｜照顧好社區長輩，和吸引年輕人留下來，是協會運作的核心項目。

上｜左達商號是賴政達開設的農特產品選物店，抱著讓人多停留在左鎮的理念而開。

左｜今年月食祭的擺盤和設計，從在地日常料理出發，期待成為可永續、穩定供應的餐食。（圖片提供／賴政達）

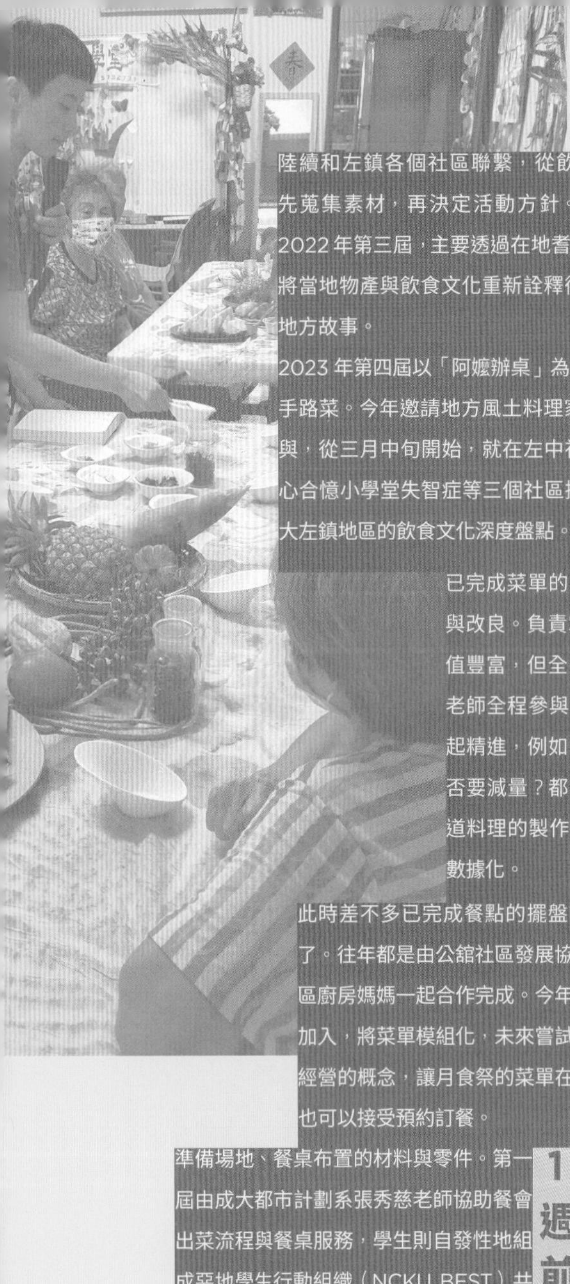

Project

7-8個月前

陸續和左鎮各個社區聯繫，從飲食文化調查開始，先蒐集素材，再決定活動方針。2020 年第一屆到 2022 年第三屆，主要透過在地耆老口述與文獻爬梳，將當地物產與飲食文化重新詮釋後，以精緻料理訴說地方故事。

2023 年第四屆以「阿嬤辦桌」為主軸，請出長輩提供手路菜。今年邀請地方風土料理家許怡慈老師共同參與，從三月中旬開始，就在左中社區、公舘社區、童心合憶小學堂失智症等三個社區據點，召集長輩展開大左鎮地區的飲食文化深度盤點。

3-4個月前

已完成菜單的設計雛形，並開始進行深化與改良。負責掌廚的社區媽媽們每個經驗值豐富，但全憑直覺與經驗，今年許怡慈老師全程參與、用心觀察，和社區媽媽一起精進，例如醬汁能否更有層次？油量是否要減量？都會耐心調整，最後梳理出每道料理的製作細節，並將每道菜流程化、數據化。

1個月前

此時差不多已完成餐點的擺盤設計、出菜順序了。往年都是由公舘社區發展協會的夥伴們與社區廚房媽媽一起合作完成。今年有了許怡慈老師加入，將菜單模組化，未來嘗試商轉，導入永續經營的概念，讓月食祭的菜單在活動之外的時間也可以接受預約訂餐。

1週前

準備場地、餐桌布置的材料與零件。第一屆由成大都市計劃系張秀慈老師協助餐會出菜流程與餐桌服務，學生則自發性地組成惡地學生行動組織（NCKU BEST）共同參與，學生團隊大量運用當地盛產的竹材，編織燈籠、製作裝置，完成場地與餐桌布置。活動前一週也開始準備食材，例如醃製鹹豬肉，清查附近農家目前有什麼農作物可採購。準備食器，例如切竹子當食物盛器，通常竹食器僅能冷藏保存三到四天，所以必需趁鮮製作。

Schedule

Zuozhen Lunar Eclipse Festival

這裡有很特別的惡土地形，看似窮山惡水，實際上卻是孕育農作物的天堂。

當時有些身體比較不好的長輩，坐著也要幫忙撿菜、炒米粉、炸物，整個社區的長輩都動員了起來！

想籌措地方經費，辦理月食祭這樣的活動，
光靠補助是不夠的，
所以我們決定好好發展地方產業。

TYPE 2 公共藝術

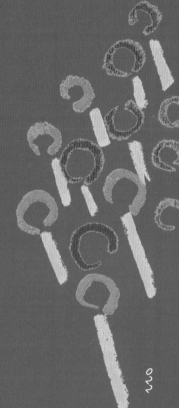

森川里海藝術季，公私協力、部落共創的三部和鳴

文字——歐陽夢芝 攝影——李維尼
圖片提供——節點共創有限公司

2018年起，節點共創團隊在主管機關——林業及自然保育署花蓮分署的支持下，在擁有豐富自然生態與原住民文化的花蓮豐濱鄉，開啟了三屆「森川里海藝術季」（2018、2021及2024）及「森川里海藝術創生計畫」（2019、2021及2023）。節點帶著藝術創生的動能進入磯崎、新社、復興、貓公、港口與靜浦等六個部落，自許以藝術行動實踐地方工作，成為串連部落社群、主管機關、文化藝術和生態保育的重要節點。

CELEBRATION DATA

活動日期	夏季農忙後到秋季東北季風前，為期約 1.5 月的時間
活動內容	每屆邀請 8-10 組藝術家進入部落進行藝術創作，並在藝術家駐村前，先辦理部落文化學習工作營，藝術季期間開設導覽專車及在各部落舉行青年火堆論壇。今年首度嘗試舉辦「跟著繪本去旅行」及快閃店等周邊活動
舉辦頻率	2 ～ 3 年一次
經費來源	林業及自然保育署花蓮分署的農村再生基金計畫
參與人數	
2018 年	展期 7 個月，約 130,000 人次
2021 年	展期 4 個月逢疫情管制，約 25,000 人次
2024 年	展期 1.5 個月，目前統計約 35,000 人次

當我們迷失在東海岸的新社部落，遍尋不著復興部落的作品「山海同坐」時，一對熱心遊客搖下車窗指點：「從這裡上去就到囉！」每屆都有逐「森川里海藝術季」之名而來的遊客，他們清楚那些毫無違和、隱匿於在地風土間的作品，一不小心便會錯過；這群人都散發一股執著的探尋之情，無需開口就能互相指認。

果然一轉向上，前方梯田出現一件與碧綠稻禾相映的藍染作品，片片漸層藍染如翻湧浪花，下方木桌上放了兩個茶杯，「這裡是Tafalian，叫風的地方。以前阿公阿嬤種田累了，會在這邊看太平洋，他們說吹口哨，風就會來。」復興部落媳婦、也是阿美族社區營造協會理事長張慧芬說。這件作品深得族人的心，它以復興部落的藍染工藝及茶產業為代表意象，期待觀者如老人家般與山海同坐，品茶休息。

藝術與保育，可以是跨域夥伴關係

讓作品深植在地，宛若自然而生，並不是容易的事。２０１８年，首次策辦「森川里海藝術季」的節點共創團隊、策展人蘇素敏和王力之，共同的初衷就是要辦一場讓地方有感、居民共創的藝術季；它既不似煙火、璀璨後人去樓空，也不被觀光效益所綑綁。他們決定先聚焦「對內的策展」，讓部落知道藝術季要辦在我家，與我何干？當他們將這個構想告知林業及自然保育署花蓮分署時，意外地獲得支持，從此開啟與花蓮分署長達七年的合作關係。蘇素敏坦言：「他們是我遇過的公部門中最不同，也最有溫度的！」

不過早在２０１０年，花蓮分署就協助族人復育水梯田，恢復濕地生態；２０１６年受到里山倡議的驅動，啟動「森川里海平台」，以跨部門合作解決地方生態與生活問題，藝術季也因此延續森川里海之名及概念舉行。花蓮分署花了近十年與社區合作，在港口部落辦藝術活動，這些都成為節點承接時的沃土。「不管從平台到藝術季，只要是對部落有益的，我們就會去做。」花蓮分署承辦人陳美音說。

花蓮分署也曾面對署內同仁的質疑，為何脫離本業去搞藝術？但當節點２０２３成

上｜「山海同坐」作品，放在族人口中「叫風的地方」，展現復興部落的地理和產業特色。

右｜讓地方有感、有參與機制，是節點共創團隊以藝術行動的核心思考。

藝術季籌備和開展期間的大大小小活動，不論形式，都希望能擾動在地人、建立關係。（圖片提供／節點共創）

為聯合國「里山倡議國際夥伴關係」的會員時，這份殊榮讓大家的腳步更堅定了。陳美音提及：「我們是將保育的成果以藝術形式呈現，這樣也容易被看到；而節點承擔了蹲點工作，讓我們更了解部落想深化的方向，能給予協助。」藝術跟自然保育，本就可以是並肩同行、跨域合作的夥伴關係。

「關係」，無疑是森川里海藝術活動的關鍵字。這七年間，節點籌辦工作營、青年火堆論壇、繪本小旅行，甚至北上辦展覽和創生論壇。他們爬梳人與環境的關係，藝術季、藝術家與族人的關係，部落孩子與長輩的關係，當代生活與傳統文化的關係，還有全球化與在地失衡的關係……。「為了建立關係，藝術就是一個非常棒的媒介，藝術會擦亮土地上的寶藏。」[*1]同樣致力以藝術連結人與自然的越後妻有大地藝術祭、策展人北川富朗曾說。藝術成為一切的介質，節點慢慢地從點開始織成面，在層層關係中，將豐濱鄉逐漸擦亮。

主辦、策展及部落的三方共創

藝術季目前以三年一次的頻率進行，不辦藝術季的時間，節點也沒有閒著，他們執行「森川里海藝術創生計畫」。以六個部落80歲以上的老人為主要田調對象，從自然資源、常用植物、傳統技法，和即將消失的祭儀／記憶為基礎盤點，再邀請藝術家進行表演藝術和材料實驗，藉此孕生地方動能之火。每個部落都有幾T的硬碟來儲存田調資料，蘇素敏說：「因為我們要為年輕人留下紀錄。」

目前任職豐濱社區發展協會的Komay，正是貓公部落的返鄉青年。以往「部落青年火堆論壇」的議題，一直都由節點規劃引導，但今年決定將主導權交回部落。面對這項任務，身為男性的Komay提議從阿美族海祭中女性的缺席談起，延伸到如今貓公已有一群年輕海女，追隨ina（阿美族語，稱呼母親或女性長輩）們學習採集；他還期待能更深入觸及部落女性在家庭及工作間多重角色的韌性……。經過多年的在地陪伴，節點終於看到年輕輩的承擔，部落之火正隱隱點燃。

這火苗也從部落擴展出去。新社部落的農夫潘銀華很有感，他也是噶瑪蘭文化的重要訪談對象。「藝術我們是不太懂啦！但藝術季帶來很多人，也把新社帶出去！」今年甚至還發現三台不知名的團客坐遊覽車來看展呢！

但對王力之來說，這火卻是她用進入部落20年的生命慢慢煨的。藝術背景的她，13年前成為港口部落媳婦，她成立「Cepo'藝術中心」，傾心於帶老人小孩作社群藝術。「我一直覺得要進入他們的世界，才能理解他們在什麼處境，還能做什麼。」直到現在，長輩可以無視她的鏡頭侃侃而談，常

註 1. 鄭惠文（2013）。地方的想像——解／構越後妻有藝術三年展。碩士論文，國立高雄師範大學跨領域藝術研究所，高雄市。

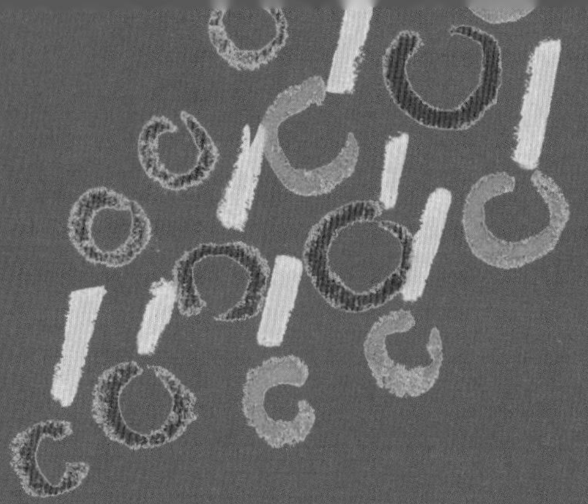

對她說：「我的時間不多了，你們要學，動作要快！」

不走直線，通往Fangcalay的蜿蜒路徑

被時間追逐的節點，奔跑之餘還不忘回頭檢討自己。他們提起這幾屆的創生計畫——以田調為基礎，由藝術家帶領長者和小孩共創文化繪本。2019年第一本是以中文書寫再翻成族語，當時族語排在下方，轉譯的過程讓族人讀來稍嫌彆扭。到2021年第二本時，他們決定耗時地以母語為主，再譯成中文，但最後送印階段才發現還是有疏漏，立刻喊停，重新排版讓族語在上，中文在下。

即使和時間金錢過不去，該守的部落主體性還是要守住。他們自嘲不會走直線，而是繞遍其中所有的點！身為藝術季導覽員、也是港口部落媳婦的黃立文很認同：「節點堅持只找在地人導覽。但有的人是農夫或長輩啊，他們覺得藝術導覽很困難，即使我學得比較快，節點還是選擇陪他們一遍遍地練習……力之稱之為『擾動』。」把事情複雜化，擾動部落慣習，似乎得如此繞路，才能不負他們虔心護持的信念。

對節點來說，他們不會將藝術季、藝術創生，社群藝術或教育拆開來思考，這些都是互相連動的。在這條路上行經的每一個點、繞的每一條遠路，都因他們有相同的願景——「Fangcalay生活學」。他們得時時自問是否走偏，因為它不僅銜接過去，也攸關未來。

「我希望可以創造一個永續的環境，讓部落孩子能自在又自信地生活在這裡。」身為母親的王力之期待著。他們以阿美族語「美好Fangcalay」和「生活」為名，因為原住民的日常生活中，本就存在表演藝術和材料實驗，它海涵了舞蹈歌謠、古老智慧、

每個部落都有作品導覽人員，今年導覽的資源改為提供給周邊的學校孩子。

文化工藝，甚至科學教育。「整個豐濱鄉都是自然資源的學習場，讓留在部落的人，都能找到生產、生活與生態平衡的方式。」蘇素敏說。

這個願景，需要主管機關開闊的視野，還有甘願成為「媒介者」的策展團隊，更需要部落居民的三方共創，才能完成。「共創」的意義就是，成就不專屬於誰，而是屬於天地眾生。儘管這條曲徑腰繞蜿蜒，但他們已然走在Fangcalay的路上。

project

1年前

開始以藝術行動在部落及社群內執行藝術創生計畫，包括田野調查、舉辦工作坊、進行表演藝術及材料實驗，還有出版品的籌備，及準備展覽等工作。

6-8個月前

在該年藝術季標案公告後，開始準備核心論述及執行方向，並歸納出希望邀請的藝術家，同時規劃主題企劃內容，與相關合作單位初步接洽：如導覽專車、跟著繪本去旅行、青年火堆論壇、快閃站、網站及媒體宣傳等事項。此時也與各部落進行前期聯繫。

今年的導覽專車有一個很大的轉變，將原本補助給遊客的車資和餐食等經費，轉編列給部落學校和機構，讓學生能免費搭乘「教育導覽專車」，聆聽作品導覽。這使得遊客的導覽專車費用，增高到往年的三倍。雖然一開始可能減少搭乘專車的遊客人數，但希望能逐步培養出一群觀眾。今年就遇到有遊客表示雖無法負擔，但還是選擇坐公車搭配步行，同樣可以找到適合自己的看展方式。

3-5個月前

開始聯繫及確認藝術家名單。雖然平日就有留心適合的名單，但藝術季通常是等該年開標、討論主題後，才會開始尋找合適主題的藝術家。

待敲定藝術家名單後，就著手籌備藝術家工作營，及藝術家駐村的執行細則，和各部落聯繫協調此期間的相關事項，並與合作單位進一步確認合作內容。今年「跟著繪本去旅行」就和旅行社合作，以三本繪本串連豐濱五個部落辦理小旅行。此時也開始進行主視覺設計，與設計師來回溝通，並提供主管機關確認。

1-2個月前

在藝術家開始駐村前，辦理三天兩夜的「部落文化學習工作營」，以部落為主體，邀請藝術家學習部落文化或技藝，讓作品更貼近地方議題。藝術家和族人的交流是藝術季重要的精神。

工作營結束後，藝術家以駐村一個月的時間進行創作。此時需應對藝術家的各項需求：包括提供田調資料、作品地點的選擇、整理場地、和地主協調，及聯繫部落族人協作施工等……。今年還與復興部落合作「藝術季快閃資訊站 ×pahanhan 工坊」，店內有精心編採的「豐濱聊聊小報」，及與藝術季相關的文化遊程資訊。

這段時間也是開展前的瘋狂忙碌期，要準備導覽志工培訓、籌備開幕式、執行行銷策略、聯繫媒體宣傳等等。但身邊有一群清楚願景、又充滿動力的夥伴，彼此理解互助，這是最珍貴的事了。

Schedule

Mipaliw Land Art

「關係」，無疑是森川里海藝術活動的關鍵字

希望可以創造一個永續的環境，
讓部落孩子能自在又自信地生活在這裡。

藝術跟自然保育，本就可以是並肩同行、
跨域合作的夥伴關係。

火把遊庄簡單來說，是一群人舉著竹火把，走在昏暗的山村小路。這樣看似簡單的行動，高雄杉林區的木梓社區卻走成了社區的代表慶典。因為舉火把不只是一個活動，是共同記憶、是社區串連、是木梓風格的同樂會。至今辦過四屆（2018、2019、2020、2023），沒有固定時間，也不相約明年，只確定會在秋季農忙的縫隙，讓遊子有回家的理由，一起走一段家鄉的上學路。

TYPE 3

社區理念

點亮火把，創造一個回庄頭的理由

文字——周季嬋　攝影——李建霖

圖片提供——小鄉社造志業聯盟

CELEBRATION DATA

活動日期	不固定，除了第一屆在 6 月舉辦，第二到四屆都落在 10 月的假日
活動內容	夕陽中吃在地飯湯後，點亮竹火把在昏暗的木梓山村走約三公里、早年木梓國小的上學路，在晚會中看表演同樂
舉辦頻率	不固定，未來應會兩年舉辦一次
經費來源	募款與參與者報名費
參與人數	第一屆約 200 人，之後陸續增加，到第四屆時約 700 多人

上｜協會前理事長侯武戴，請藝術家將火把遊庄意象繪製在茄苳湖玄龍宮牆面，廟內彩繪甚至畫上吉祥物。

左上｜現在的社區活動中心，是居民上課、討論事務的實用場地。

至今舉辦四屆的「點亮木梓、火把遊庄」，由木梓社區發展協會和小鄉社造志業聯盟（後簡稱小鄉）主力籌辦。小鄉總幹事陳昭宏回想起第一次來到木梓社區時，白水泉北辰宮樓下的活動中心就像時空靜止，保留著曾經是幼兒園的布置、和牆上的「保密防諜」大字標語。

當莫拉克風災重建工作帶入的能量在旗美九鄉鎮各地開花時，不在主要道路上的木梓社區，卻遲遲無法從1980年代甫成立社區發展協會就停滯的狀態中甦醒。木梓社區位在楠梓仙溪西岸，在高雄市杉林區最北邊，北邊以烏山為界與台南玉井相鄰，由白水泉、木梓、茄苳湖和蜈蜞潭四個聚落所構成，各聚落皆以廟宇為重心。

小鄉今年十歲，成立於2014年8月29日莫拉克重建條例結束的隔天，成立的理由是希望當時走了五年的社區重建經驗可以延續。陳昭宏是高雄前鎮人，大學在台北念台文系，過去只在田野工作時接觸到社區。回南部找工作時剛好旗美社大在徵人，本來想說社大工作是從下午開始上班、不必早起，誰知道會被分到莫拉克社區重建站，早上就要上班。昭宏說著自己如何誤打誤撞進入社區工作，卻心甘情願深陷其中。而木梓社區，是他回顧十年，獲得最多養分的社區。

隨火光升起的自信和動能

2018年初，小鄉與木梓社區相遇，開啟火把遊庄的序曲。以目的來說，舉火把是陪伴社區的一種方式。

木梓社區的常住人口三百多人，65歲以上的長者就佔了一半。通常小鄉進入社區開課，會從培訓志工增能、加強凝聚力開始。木梓社區卻一開始就表達想要做長輩照顧的意願，所以小鄉就安排老師每週進木梓，帶社區長輩上課、運動。兩三個月之後發現大家還是很被動，開玩笑地說，「你們要積極一點，老師沒來你們也是要動啊」，

卻得到缺乏自信的回應，「啊我們就沒讀書，很多事情都不會啦！」。

為了先建立自信，小鄉於是決定暫停課程，先來辦一個活動好了，而且這個活動必須帶來一些地方上的共鳴。於是開始拋出問題，從大家討論的過程中找尋可能，當問到他們為什麼沒讀書，當時66歲的侯武戴大哥與妹妹聊到他們小時候住在木梓社區最北邊的木屐寮，上學要步行一兩個小時，回到家早就忘記老師教什麼了。當時天未亮就要舉火把出門，冬季白天短更是上放學都要舉火把，陳昭宏於是說，「那你們來教我們怎麼做火把好了。」

侯武戴小時候舉的火把，最早是綁整把的菅芒花，後來換成苧麻芯搭配電土，最後才是竹管煤油火把，也就是現在活動舉的竹火把。火把遊庄一、二屆從白水泉走到茄苳湖，三、四屆則是從茄苳湖走到白水泉，這

段3.3公里的距離其實只是當年上學一部分的路程，就足以讓木梓社區學會如何分工辦活動並從中獲得自信，形成廟宇祭典、田裡交工以外，所發展出的新的公共參與模式。一連串的偶然，讓火把遊庄的共同記憶長成社區祭典。

持續增能，不忘照顧長輩的初衷

在社區走跳多年的小鄉，深知會結伴的「媽媽才是強大的」，小鄉社工督導張淑菁等女性同事就負責跟媽媽們建立關係。主要的志工媽媽雖然只有少少六、七位，社區所有活動卻都不能沒有她們。第一屆舉火把時，還沒有外聘總鋪師，志工媽媽合力煮拿手家常菜餵飽大家。每一屆的砍竹備火把、場地布置，只要是在木梓社區裡的前置作業，都少不了志工媽媽的參與。

志工媽媽平時除了和其他夥伴一起為社區長輩做飯送餐，也接受小鄉安排，到鄰近社區交流、學習如何訪視長輩、幫助長輩延緩老化、護理農村長輩足部等課程。第一屆舉完火把，學會分工、也知道如何運用活動中心，社區又回到長輩照顧的初衷，直到新冠疫情爆發。

「參加社區比較有伴啦」、「邊聊天邊做很歡喜啊」說到看似一直找事給他們做的小鄉，志工們的回答是：「小鄉很照顧我們，我們也很尬意他們喔！」小鄉把大部分心力放在想要做、但不知從何開始的社區，而木梓社區就是這樣的對象。木梓社區的夥伴非常信任小鄉，被需要的感覺也讓小鄉更有使命感，小鄉夥伴分享每次來到這個有點隱密的村莊，都有一種回家的親切感。

社區活動中心外的牆面，還貼著前兩屆的宣傳海報和贊助名單。

照顧社區長輩是協會運作初衷，仰賴志工媽媽的動能。

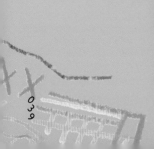

廢校情況加劇，陳昭宏、張淑菁和現任理事長侯世賢，討論著接下來如何和進駐單位合作。

從第一屆開始，小鄉就將舉火把過程的影片放到網路上，擴散的程度出乎意料，社區媽媽甚至連去旗山菜市場都會被認出來。現在去杉林的加油站說要買煤油，站員都會問說「是不是要舉火把？」，提醒要讓他們事先準備好充足的煤油。從第一屆兩百人到第四屆已經有七百人，舉火把變成過年之外，另一個外地遊子回家的理由。

展現共同生命經驗，才能持續

舉火把為木梓社區帶來活力與人氣，開心之餘，團隊也自認無力每年舉辦，接下來會朝向兩年一次做規劃。舉火把不是一時的激情澎湃，也帶來更多要讓社區更好的心意。2023年杉林區有三間小學廢校（近兩年杉林與鄰近鄉鎮就有四間廢校），令人不禁害怕漸漸擴大的農村寂寥，舉火把路線因此特地繞進木梓國小，一起大喊「木梓國小我想你」看到長輩們隨之留下的淚水，令小鄉夥伴不勝唏噓。

木梓國小1999年廢校後現由「休休文教基金會」進駐，現任木梓社區協會理事長侯世賢希望可以規劃更多和基金會的合作，像是小孩和長輩的共學課程。也因為看到來舉火把的遊客自備餐具，希望接下來可以跟休休的陶藝老師合作，教志工做社區要用的陶盤陶碗，改掉使用免洗餐具的慣習。

木梓火把遊庄出名後，曾有公部門自動送來補助邀約合辦，木梓社區卻果斷拒絕了。侯武戴認為木梓火把遊庄是一個共同生命經驗，不能違背初衷。陳昭宏也認為，貼近地方需求，讓在地人都有可能展現的舞台，才有可能一直走下去。現階段希望有更多杉林孩子來參與，認識屬於地方的慶典，唯有展現地方集體記憶，才有持續的可能。

木梓社區認為因為有小鄉才能促成火把節，小鄉則認為沒有火把節就無法長成現在的小鄉。陳昭宏大概算了一下，被指定分享舉火把經驗的演講至少一百場，他都會用「六個人，就可以做好一件事，只要是做自己有感的事」結語。

就像小鄉隊服上的大字「行做伙就有路」，簡潔有力的字句歸納自一位精通台文的朋友，毛筆字則是出自一位常在北辰宮廟口出現的阿公。當初聽說阿公會寫毛筆字，請他寫字的時候在廟裡隨手拿了日曆紙和一支分岔毛筆，連墨水都是即將乾涸的狀態，就把這幾個字寫出來。隔年這位阿公生病，無法再跟大家一起舉火把，更顯得這段記憶的珍貴。木梓火把遊庄接下來也會集眾人之力，繼續走下去。

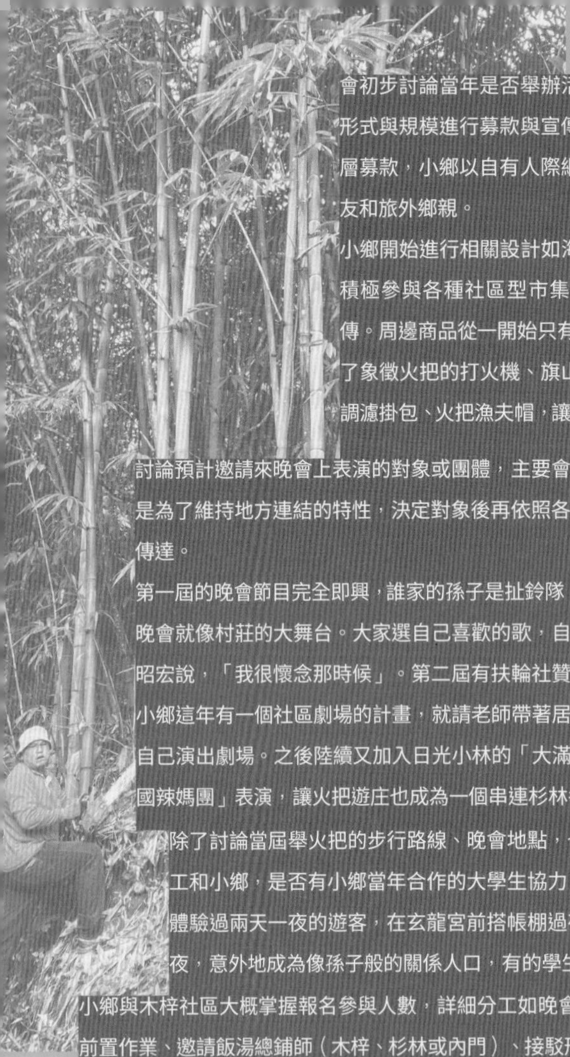

project

6個月前

會初步討論當年是否舉辦活動，若確定舉辦，依當年希望的形式與規模進行募款與宣傳。小鄉與木梓社區對各自的同溫層募款，小鄉以自有人際網絡和網路，木梓社區則是地方親友和旅外鄉親。

小鄉開始進行相關設計如海報、周邊商品等，這段時間也會積極參與各種社區型市集，以販售周邊小物的形式進行宣傳。周邊商品從一開始只有 T-shirt、毛巾，第四屆時又增加了象徵火把的打火機、旗山知名咖啡店為火把節做的小鄉特調濾掛包、火把漁夫帽，讓大家用更多元的方式支持火把節。

3個月前

討論預計邀請來晚會上表演的對象或團體，主要會以旗美地區的表演者優先，是為了維持地方連結的特性，決定對象後再依照各自人際脈絡進行邀請與細節傳達。

第一屆的晚會節目完全即興，誰家的孫子是扯鈴隊、舞龍舞獅，通通都來表演，晚會就像村莊的大舞台。大家選自己喜歡的歌，自由地圍圈圈、唱唱跳跳，陳昭宏說，「我很懷念那時候」。第二屆有扶輪社贊助了「麵包車樂團」，剛好小鄉這年有一個社區劇場的計畫，就請老師帶著居民排練兒時舉火把的故事，自己演出劇場。之後陸續又加入日光小林的「大滿舞團」、大愛園區的「聯合國辣媽團」表演，讓火把遊庄也成為一個串連杉林各社區的場合。

2個月前

除了討論當屆舉火把的步行路線、晚會地點，也會開始確認人力，除了木梓社區志工和小鄉，是否有小鄉當年合作的大學生協力。第一屆來協力的大學生，也是唯一體驗過兩天一夜的遊客，在玄龍宮前搭帳棚過夜、分組被村人載回家洗澡和餵食宵夜，意外地成為像孫子般的關係人口，有的學生甚至到現在還會來找侯武戴。

1個月前

小鄉與木梓社區大概掌握報名參與人數，詳細分工如晚會用餐前置作業、邀請飯湯總鋪師（木梓、杉林或內門）、接駁形式、物色竹材來源與火把製作、集合方式與地點、晚會舞台設定等等。

最早舉火把的活動設定是針對木梓人，不需接駁，結果第二屆開始許多外地朋友都來報名，才開始思考要如何讓遊客安全抵達狹窄又容易迷路的聚落。目前試過包遊覽車、召集村民接駁的方式，村民接駁不僅花費低、路況熟悉，也滿足了許多無法提早參加前置作業的村中男性達到協助活動的心意。

1週前

開始密集上山砍竹、製作火把、整理行走路線、道路指引、準備吃飯場地。

製作竹火把是籌備工作的關鍵，竹子必須是新鮮還保有水分、至少三年的長枝竹，粗細節間都適合手握。因此一週前才能取竹，活動當天塞布倒油，捲布塞緊有技巧，辦了四屆都還是必須交由有經驗的人，無法讓遊客自製。

第四屆砍竹時與屏東大學社會發展系合作，嘗試帶著學生一起進竹林，指導過程中意外得知切分竹子時必須從竹尾開始，在手握的位置留一個順向竹節，若從竹頭開始切，拿的時候就會變成跟竹子生長方向相反，在傳統禁忌中認為會帶來壞運，以科學角度看，則是要順向竹節才有可以放油的凹槽。小小的細節，蘊藏著長年來的地方智慧。

Schedule

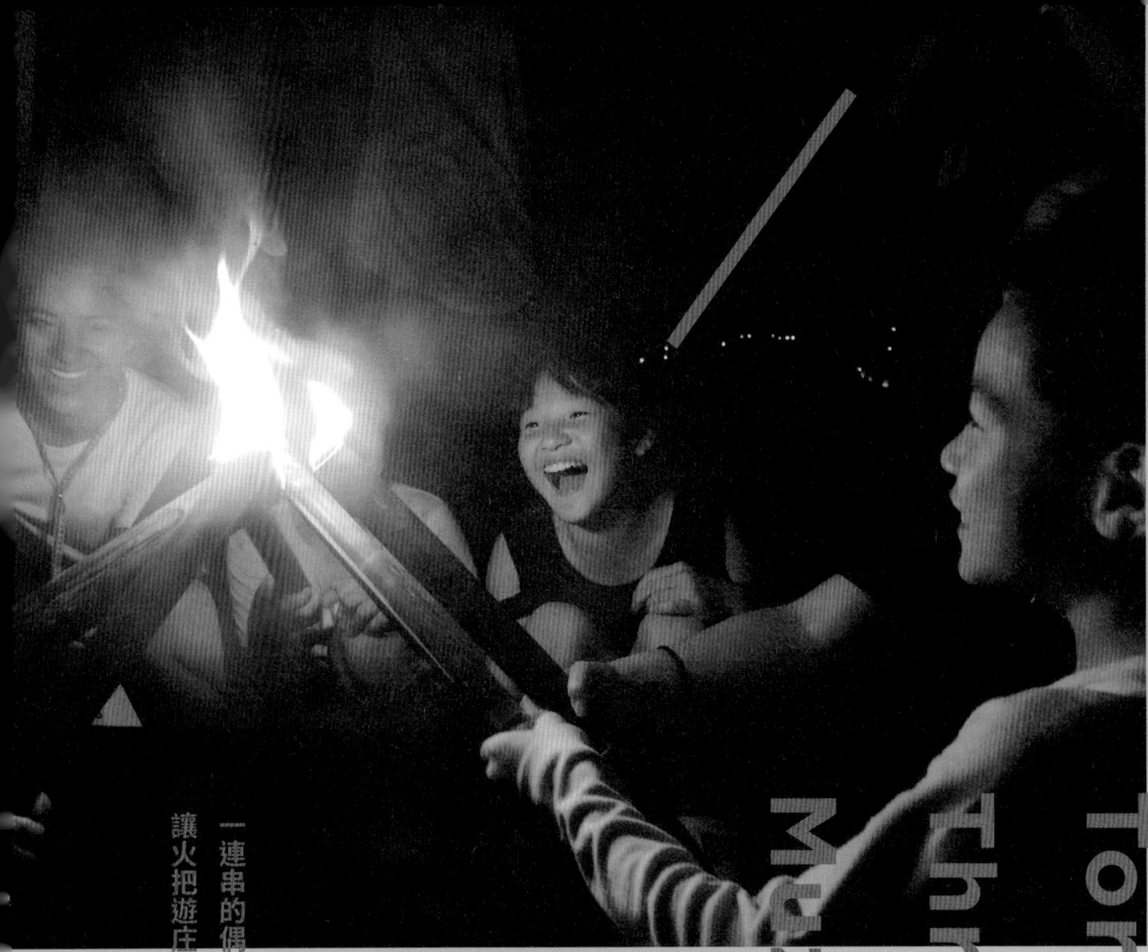

Torch Parade Through the Muzhi

一連串的偶然，
讓火把遊庄的共同記憶長成社區祭典。

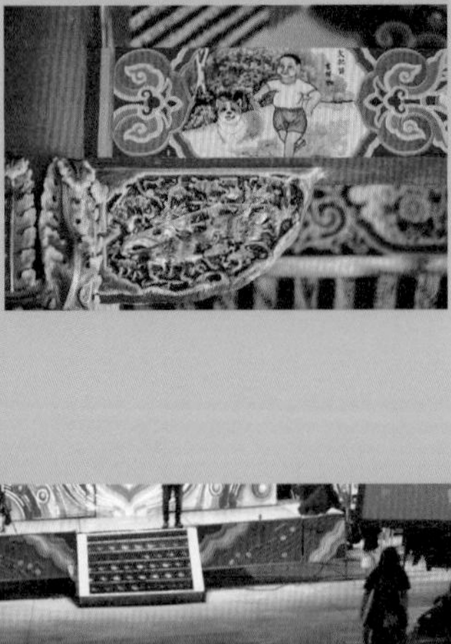

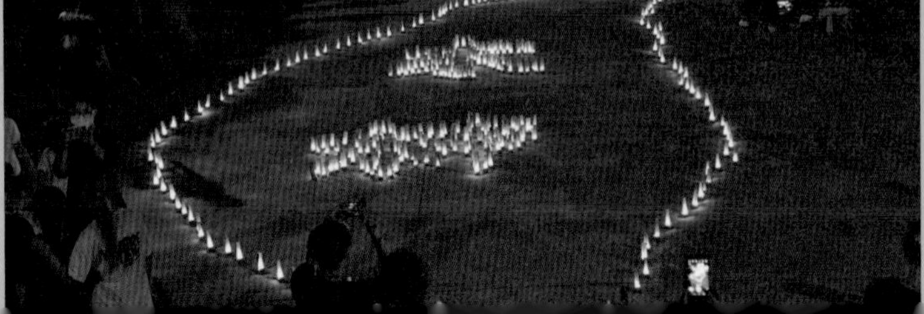

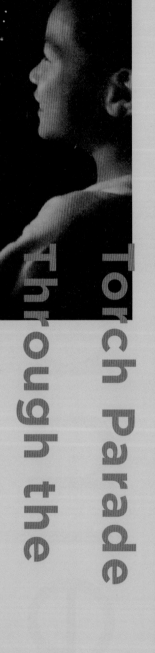

貼近地方需求，
讓在地人都有可以展現的舞台，
才有可能一直走下去。

六個人，就可以做好一件事
只要是做自己有感的事。

TYPE 4 傳統祭典

圍繞祭儀而生的同心圓，和他們的土坂時間

文字——王巧惠　攝影——彭柏璋
圖片提供——故火工作室

在大竹溪流域林相變化與小米生長週期的循環裡，位於台東達仁鄉的土坂部落，有著屬於自己的土坂時區。

部落生活與祭儀密不可分，有象徵人神盟約的maljeveq五年祭，有一年一度向神祖靈獻祭的masuvaqu小米收穫祭，各種歲時與人生階段，也有相應的儀式。2023年，日子再次走到欒樹花開的五年祭，故火工作室與部落店家將族人的生命經驗收攏成「土坂時間」，自此打開認識地方的入口，帶領旅人入境祭儀期間的土坂生活。

CELEBRATION DATA

「土坂時間」生活展

活動日期 2023.9.16 ～ 10.24，共八個開展時段
活動內容 七個時間策展、五場生活習作、三場分享座談
舉辦頻率 配合 2023 年五年祭舉辦
經費來源 達仁鄉公所
參與人數 約 1,000 人

五年祭見學之旅

活動日期 2023.10.20 ～ 10.25
活動內容 分為「食農之旅 × 未成年祖靈刺球觀禮」、「山林之旅 × 土坂巫師祭觀禮」、「祭儀文化之旅 × 神祖靈刺球觀禮」三梯次
舉辦頻率 配合 2023 年五年祭舉辦
經費來源 達仁鄉公所
參與人數 每梯次 30 人

小米收穫祭見學之旅

活動日期 2024.7.7 ～ 7.14
活動內容 依祭儀時程分為「納貢與祈福」、「神祖靈過年」、「人間慶過年」三梯次
舉辦頻率 配合 2024 年小米收穫祭舉辦
經費來源 自辦（故火工作室執行費用另行申請計畫支應）
參與人數 每梯次 8 ～ 15 人，總計約 30 人

串連部落空間，整個部落就是展場

以土坂部落的邊緣為起點，來自台北的呂安與蕭仲廷組成的故火工作室（後簡稱故火），在當地逐漸織就一張彼此支持的網絡。兩人原先任職於台東的地方創生顧問公司，接觸到南迴地區的店家。2022年，離職後的他們常常跑到位於土坂部落邊陲的「不懂生活」露營放空，在大武山的環抱與營主一家的提議下，開始嘗試一起辦活動，卡路風工坊、土坂金樹的合作提案也紛紛向故火聚攏，燃起部落店家共創的火苗。

過去店家之間偶有行程串連，或參與土坂社區發展協會的活動，但並未形成常態性的合作。協會理事長Kuljelje Giring熊大龍身兼深山野熊號的經營者，以部落店家為號召，2023年年初開啟每月一次的土坂友善店家聚會。與此同時，故火受達仁鄉公所之邀，規劃以五年祭為核心的周邊產業推廣活動。蕭仲廷回顧，當時也曾討論是否應以文史角度命題：「祭儀本來就有自己進行的主軸和方式，我們最後是從店家的角度，去探討對他們而言的五年祭，或是對他們而言的土坂部落生活。」

參考「南方以南——南迴藝術計畫」進入地方的形式，他們孵育出與地方關係更為緊密的狀態。部落處處都可視為作品，沒有小米的小米田、溪石砌成的傳統家屋、職人的工作室、親友閒置的老屋、辦公室、民宿大廳，都可以是展覽場域。傳統祭儀、工藝技術、歌謠採集、尋根行動、食農文化與山林智慧，在現地展示不同面向的生活記憶；負責統籌的故火，藉由視覺設計與遊程規劃，串連起大家的土坂時間。

依山傍水的土坂部落，位於大竹溪流域中游。

以五年為單位的生命刻度，刻畫地方文化的深度

「有些人會用五年做為一個刻度，會說『上個五年祭我在做什麼』、『我是五年祭那一年出生的』，他們有不同的記事方式。」呂安在族人的言談間，感知五年是屬於土坂的時間單位，這段期間足以發生與累積各種事情。他們在相同的時區裡推動各自進程，終於在2023年的五年祭匯聚為「土坂時間」。

上｜在部落街道四處串門，是故火工作室的土坂日常。中為包家青年 Paules Patjaljinuk 包辰芸。

下｜在包家祖靈屋前，包辰芸細述回到部落後發現更多不一樣的自己，慢慢了解家族脈絡。

土坂社區發展協會辦公室同時也是凝聚部落青年力量的複合式空間，右為理事長熊大龍。

2015年返鄉至今，熊大龍已經歷兩次五年祭。五年祭是以傳統領袖家族Patjaljinuk包家、Saljingusan古家、Ladan陳家為核心的同心圓，一般族人其實並不一定了解祭儀事務，最外圈的旅客更是缺乏認識祭儀文化的管道。2016年底加入土坂社區發展協會，熊大龍一邊記錄文化，一邊認識自身根源。在第一個五年祭舉辦了學術論壇及文化課程，也曾結合文化體驗與祭儀講解，設計角色扮演遊戲，以這些經驗為基礎，他在第二個五年祭擔任「土坂時間」顧問，成為這個活動最堅實的後盾。

生長在台中的Paules Patjaljinuk包辰芸，2018年返鄉參與五年祭時，意識到自己對儀式一無所知：「簡單來說，我有認同，但是沒有認知。」促使她回到部落學習文化，如今一邊攻讀南島文化碩士，一邊在土坂vusam文化實驗小學執教。去年五年祭，她為來到包家祖靈屋見學的旅人講解巫師祭，像是這五年的評量，終於有習得祭儀精神的實感。

一個族人一種詮釋，拼出土坂的形狀

雖是店家產業導向的官方計畫，「土坂時間」的本質仍圍繞著祭儀文化。呂安強調，無論是族人視角的時間策展，或是族人導覽的見學之旅，詮釋權都屬於地方。熊大龍觀察：「族人的反應都還滿好的，我們一開始的方向就不是想要大量遊客進來，我覺得和這個設定很有關係。」以深化文化體驗為前提，故火向三個領袖家族詳細說明見學性質，除了謹守禁忌，也溝通出各自可以接受的到訪形式，以不影響儀式原貌、不干擾儀式進行為最高原則。

旅人經由見學看見族人對自身文化的認同，也在故火身上看見另一種生活的選項。這些熱衷提問與筆記的見學旅人，讓族人突破部落觀光的既定印象，「土坂時間」的種種行動，也持續在部落發酵。原以家族為研究重心的包辰芸，發現每個族人都是一塊拼圖，開始嘗試撰寫部落個人誌；Kuljelje Saljingusan古書政聽聞長輩中仍有不認同的聲音，他也認為祭儀屬於傳統，並不適合創新。

做為中介者，故火面臨的壓力或許不及當地青年，部落政治的權衡仍屬不易。Ladan文化永續發展協會理事長Gagu Tjaluqavai朱嶔崟對此持正面看法：「有分歧是正常的，但是到一定程度的時候，它就會凝聚成共識，所以我覺得這是非常好的現象。」「土坂時間」不僅為地方帶來話題性，有些過去自外於部落事務的族人，也透過討論逐步形成文化意識。

在年復一年的循環裡，走向「土坂時間」未來式

今年小米收成之際，故火再次與部落店家串起見學之旅。「如果五年祭是神聖版的

Gagu Tjaluqavai 朱嶔崟肩負家族使命，協助傳統領袖家族保存與傳承文化。

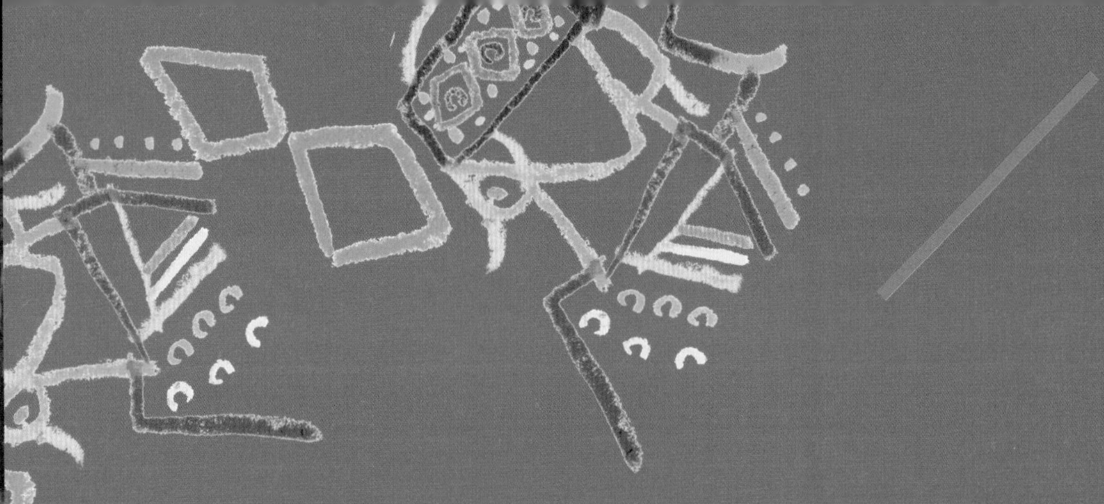

土坂時間，小米收穫祭就是土坂時間裡的日常循環。」去年見學之旅在祭儀施行時皆為觀禮，而傳統領袖家族與部落青年皆專注於祭儀事務。在看見土坂時間以部落為主體的行動之後，今年傳統領袖家族與部落青年加入更多想要嘗試的事物，為小米收穫祭見學之旅注入新的能量。於是，旅人跟著傳統領袖率領的隊伍走遍部落完成Kisatja收賦稅儀式，也在古家製作人間歡慶的cinavu。做為陳家家臣的朱嶔崟，帶領旅人走訪舊部落「東高社」，發現家族故事在真實場景裡更為立體，堅定他整理遺址做為文化學習場域的目標。巫師現身分享巫文化，在地青少年擔任引路人，今年的見學之旅雖無外部資源挹注，卻有更多族人投入其中。

對比上個世代只有留下或離鄉的抉擇，「年輕世代的生活方式會更流動，但他們的文化認同比上一代強烈很多。」蕭仲廷發覺當代青年多在外求學或工作，卻更早參與部落事務，參與方式也更多元。生為肩負家族使命的古家直系長孫，古書政目前在台南求學，每逢祭儀就會頻繁往返兩地：「這幾年比較有投身其中的感覺，青年對於文化越來越看重，身邊的長輩也積極想要把文化傳承下去。」青年組成「TBM土坂部落青年歌謠傳唱」、「包家親」等社群，無論身在何方，都能與地方保持連結。

經過幾次串連，參與「土坂時間」的每個人都有其解讀與延續，故火慢慢退居陪伴的位置，一起尋找地方生活與商業營運之間的平衡。或許在未來，文化的邊界將更為開放與包容，如同故火在這裡被對待的方式。

小米梗燃起的輕煙繚繞不絕，這個全台唯一未曾中斷五年祭的部落，傳統領袖及巫師百年多來持續施行儀式。如今有人記錄傳統祭儀，有人串連地方產業，有人普及文化知識，有人開展新的行動，族人以各自的方式向下個世代、向外界傳遞祭儀文化，故火也成為其中一個環節，依循土坂時間的運行，繼續向下一個五年轉動。

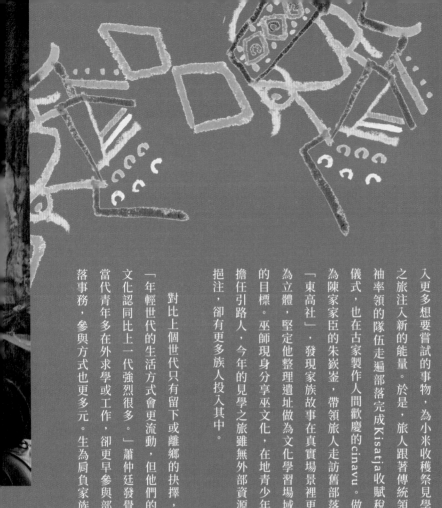

上｜卡路風工坊的小米生活曆與「穗月容顏」展，為收穫祭見學之旅充實小米文化知識。

下｜土坂時間生活展的展間之一「ma tjumaq 一起回家」，如一條時間之河，道出 Tjakisuvung 家族成員的尋根故事。

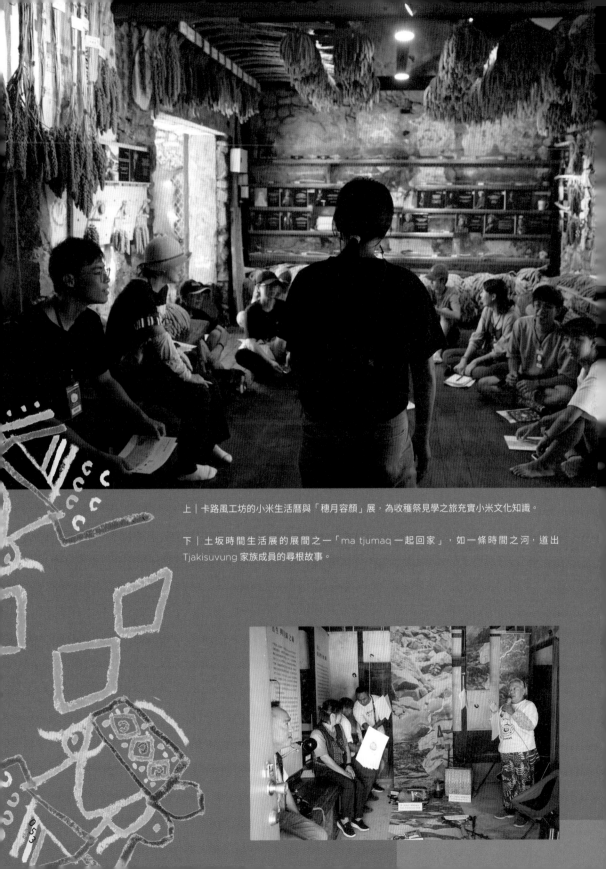

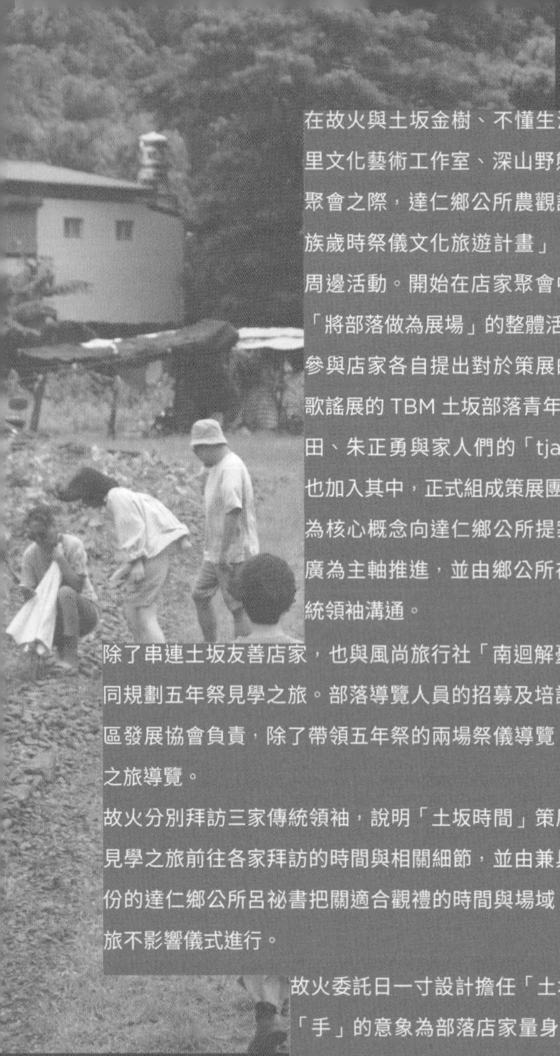

6個月前

在故火與土坂金樹、不懂生活、卡路風工坊、撒巴里文化藝術工作室、深山野熊號開始土坂友善店家聚會之際，達仁鄉公所農觀課爭取原民會「原住民族歲時祭儀文化旅遊計畫」，邀請故火規劃五年祭周邊活動。開始在店家聚會中提出討論，初步確立「將部落做為展場」的整體活動概念。

參與店家各自提出對於策展的想像，正在策劃傳統歌謠展的 TBM 土坂部落青年歌謠傳唱、花媽的小米田、朱正勇與家人們的「tjakisuvung 一起回家」也加入其中，正式組成策展團隊，並以「土坂時間」為核心概念向達仁鄉公所提案，以地方產業品牌推廣為主軸推進，並由鄉公所在部落會議中與三家傳統領袖溝通。

3個月前

除了串連土坂友善店家，也與風尚旅行社「南迴解憂大飯店」共同規劃五年祭見學之旅。部落導覽人員的招募及培訓則由土坂社區發展協會負責，除了帶領五年祭的兩場祭儀導覽，也協助見學之旅導覽。

故火分別拜訪三家傳統領袖，說明「土坂時間」策展概念，討論見學之旅前往各家拜訪的時間與相關細節，並由兼具包家巫師身份的達仁鄉公所呂祕書把關適合觀禮的時間與場域，確保見學之旅不影響儀式進行。

2個月前

故火委託日一寸設計擔任「土坂時間」的主視覺及展場設計，以「手」的意象為部落店家量身打造融入產業元素的 Logo。對外發出的文宣經由達仁鄉公所農觀課及祕書確認後，策展團隊在 8 月底同步展開宣傳，土坂金樹 FB 粉絲專頁易名為「土坂時間」，成為主要宣傳平台，並由 TBM 協助經營 IG 社群。

經歷一場颱風之後，9 月初主辦單位、策展團隊一同到土坂村包村長家告知布展事宜，並於祖靈屋祈求布展期間順利平安。策展團隊一起絹印布品，共同出力布置各個展間。

1個月前

「土坂時間」生活展做為五年祭的前導活動，由部落族人為自己的展間導覽，並開設五場半日生活習作，具現部落族人的各種土坂時間。

祭儀期間限定的見學之旅，由土坂社區發展協會和部落的導覽員帶路與祭儀觀禮解說；傳統領袖家族的拜訪，則另安排家族成員介紹。三梯次行程略有不同，分別由不懂生活帶領山林與古道探索，卡路風工坊負責小米文化講解與藤編手作教學，花媽的小米田進行農耕體驗、kituru 引導酒釀學習，撒巴里文化藝術工作室指導木雕創作，或跟著 TBM 採集、製作花環，並由深山野熊號供應旅人餐食，交織出土坂生活的豐富樣貌。

project

Schedule

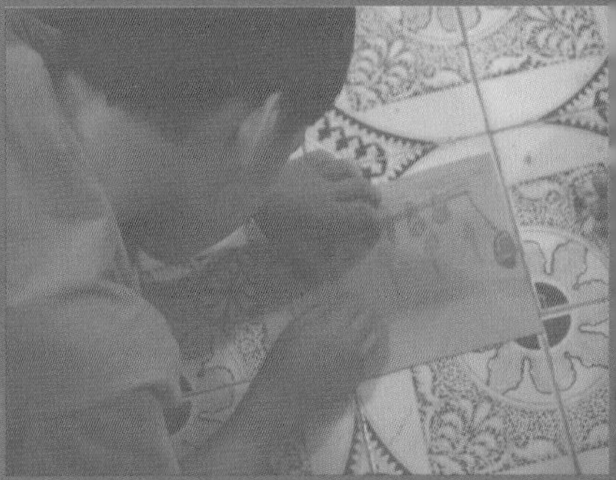

Tjuwabar Time

如果五年祭是神聖版的土坂時間，小米收穫祭就是土坂時間裡的日常循環。

巫師現身分享巫文化，、在地青少年擔任引路人，有更多族人投入其中。

有分歧是正常的，但是到一定程度的時候，它就會凝聚成共識。

DRAGON GOD MOUNTAIN AND WATER FESTIVAL

龍神山水祭

STEP 1 田調篇

058

如何辦一場地方慶典

文字—吳哲銘　圖片提供—大茅埔調查團

「龍神山水祭」是為了彰顯客家人自然神靈信仰——龍神與伯公而舉辦的，祂們分別代表山與水，是客家人到處遷徙尋覓好風水，落腳生活後感謝山水滋養的體現，也是客家人與自然對話很重要的神祇。然而，為了避免有心人破壞賴以維生的風水，通常會選擇不公開讓外人得知，也導致代代相傳下來，這些自然信仰逐漸因時代潮流、少子化等因素被淡忘。因此，自2020年，位於台中東勢鄉的大茅埔調查團以田調信仰的內容，規劃了「龍神山水祭」，是全台少數同時有山與水的遶境活動，而向伯公祈福的五行祈福船，因為氛圍浪漫，也在短短四年間，被譽為「台三線最美祭典」。

龍神山水祭的祭典內容包含四季大神臉譜彩繪、跟著王爺公尋庄繞山水（遶境）、龍神山水音樂祭、山水市集、五福祈福船施放等活動。而最令大茅埔居民驕傲的，不僅是從在地信仰脈絡轉譯而來，參與擔任志工的庄民年年增長，人數比例佔了全聚落總人口25%以上。

所有祭典活動的準備工作、道具也幾乎在地製造，像是四季大神臉譜的彩繪，源自宮廟特別的八家將陣頭，透過美學轉譯，以在地四季色彩、符碼等，培訓國中志工帶領遊客彩繪屬於自己的面具，參與山水遶境；為了避免祈福紙船翻覆污染水源，也找來高中生志工下水圳，將沿線的雜草手工清除；紙船上的祈福卡設計，則以宮廟最老的宮印發想，並自己列印、切割；水圳上的「吉兆利市祭火台」也是由庄內農夫製作。其他如水圳燈飾擺置、音樂祭場佈、場地手工除草、攤商邀請……全由動員的居民志工完成，使得祭典擁有許多有溫度的人味。

對於龍神山水祭的未來，始終有一個「浪漫」的想像：回想一百多年前，大甲媽祖發起向北港朝天宮刈火進香的那群人，絕對無法想像如今的遶境盛況，遶境過程中最讓人回味的就是沿途盛情款待的溫暖，而這也是祭典的人情味。大茅埔調查團以田調信仰到推動山水祭，簡單地說也是透過祭典建構人與人的連結和人味，同時也從田調而來的地方知識，避免祭典帶來的環境污染措施，希望與自然共好，讓龍神山水祭不僅是台三線最美祭典，也是最溫暖永續的祭典。

KNOW HOW 1～2～3～

POINT1 田調前，先成立調查團

大茅埔調查團是有感於在地文化面臨斷層，由在地耆老和青年自發性組成的未立案地方團隊，每週三固定以廣達24平方公里、台中東勢大茅埔地區為核心，並外擴到東勢、新社、和平等台中山城區域，進行各類的田調，包含人文、歷史、地理、族群關係、老行業、產業做調查。2019年，更受台灣石虎保育協會陳美汀老師的指導，在新冠疫情時，將架設紅外線攝影機的生態田調列為重點，找到在地生態議題，並嘗試以在地自然信仰、傳統智慧、產業等融入轉譯，從中尋求解方，逐步拉近人與自然的和諧關係。

每一次田調後，我們也會將田調內容以報導文學方式書寫，分享到臉書社團，讓大家更了解在地紋理，雖近期發現有些有心人士抄襲剽竊圖文，書寫動力小了一點，但其實，這些田調內容不是最重要的，就像我們的名片寫著：「調查的目的，是串起人與人間溫度的連結。」建立人際網絡關係的過程，不僅讓居民相信我們，這也是龍神山水祭為何能號召這麼多志工，大家一起協力舉辦最核心的因素。

POINT2 用「地方生活行事曆」作為調查方法

對於剛返鄉的青年們而言，家鄉可以說是最熟悉也是最陌生的地方，對我們來說也是一樣的，但透過地方資源盤點訓練，團員和耆老以四季為經，人才、文化、地景、產業為緯，逐步建立起「地方生活行事曆」，每個人依循著行事曆進行調查，「就像農夫依照節氣，何時播種施肥的道理一樣，最符合時令的田調，才有最真實的紀錄。」團員認為地方生活行事曆最重要的部分，是將文、地、產的內容，對應到地方職「人」，才會知道什麼時候去訪談什麼樣的耆老，了解地方。

像是田調信仰的過程中，我們訪談誦經長輩們，體會到她們無私為庄民祈福的心路歷程，還因她們一句

玩笑話：「希望死後，王爺公還能聽到我們的客語誦經聲，台語誦經祂們會聽不習慣啦！」，就花了一整年時間陪伴她們錄音，並將對誦經的理解轉譯到祭典表演中，從日常的正統誦經到表演的反差展演，不但讓民眾新奇，也獲得電視台採訪，該節目也因此獲得金鐘獎。

我們都笑說，這次的田調內容「含金量」超高，而這就有賴於地方生活行事曆的初步盤點，了解祭典科儀時程，才能完整記錄起來。記錄下來的內容，我們也運用科技工具如Google雲端地圖，進一步將田調影音文字與地理資訊結合，成為地方重要的資料庫。

POINT3 串起人與人間，有溫度的連結

每週一次的田調，就是龍神山水祭很好的養分，不單是轉譯的依據，也透過社群撰文，讓居民更認識聚落信仰，拉近我們與居民間、居民彼此間的距離，形塑從線上到線下連結路徑，也了解居民的專長，有助於志工體系的成型。

例如被稱為「龍心公園」的場地，是最容易看見龍神山的地點，當初為了讓參與遊客都能看見山，決定在公園中間建造約莫半人身高的土台，就是透過田調認識一位從事營造業的大哥，無償找來怪手與乾淨的土方所建構完成的。

我們也發現愈扎實的田調，會愈快凝聚共識，形成從調查團、廟方共識、信徒大會最後到里民大會的正向循環。舉例來說，山水祭的五行祈福船在討論之初，廟方就有人提出：「美歸美，但放紙船會污染水源，及傳統信仰中放水燈不吉利」的聲音，然而，團員以田調內容，細心解說紙船會先經過掌管水圳伯公香爐的祈福儀式，並以高接梨沾蠟的農業技術，讓紙船沾上蜂蠟防水、最後加以回收，讓這個提案不僅在信徒大會中通過，也迅速在聚落中口耳相傳，使得里民大會也無異議通過，團員回憶「當時我們還向居民說，只要有一個人反對，我們就放棄舉辦！」足見對田調內容深具信心，也十分感謝居民的認同。

POINT4 學習自然、美學導入的轉譯作法

整個祭典的發想、活動和布置，皆是從長年累積的田調內容轉譯而來。一開始我們從田調中發現，客家先民保護賴以維生的山水，而有龍神與伯公的自然神靈信仰；為了驗證自然與信仰的關係，進而田調在地生態，幾年下來，發現了包含瀕危物種石虎、食蛇龜在內，多達18種保育類動物，其中不乏許多環境指標動物，像是水圳中遍布的擬多齒米蝦，就是環境部河川毒物測試物種，足以證明在地信仰與生態、水源的正向關係。

有了這些田調的強證據，我們就可以透過親水體驗活動，行銷在地的四季水果。例如龍神山水祭架構在水圳上的「吉兆利市祭火台」，其實就是以大茅埔水圳所灌溉的四種四季作物——桔、桃、梨、柿的果樹枝條所製作而成，造型浪漫吸睛，成為行銷的利器。

在轉譯過程中，我們認為最重要的是美學導入，不管是地方四季色彩、符碼、信仰的顏色……等等，都是重要

素材，也才能突顯在地特色。例如我們在聚落方位中發現五營將寮，祂們分別代表五行與對應的祥獸、色彩：「東方青龍屬木、西方白虎屬金、南方朱雀屬火、北方玄武屬水、中間為麒麟或龍屬土」，這五色就成為祭典施放祈福船的顏色。

另外，也配合東華國中的環境教育課程帶學生觀察作物與地景，如春天的桃李花和青梅、夏天超過十種水梨、秋天柿子、冬天則有20多種的柑桔……，光是這些作物的形狀、特徵與四時八節的色彩變換，就能抽取成為「四季大神臉譜彩繪」的顏色依據。透過蒐集和記錄村庄內的元素，逐步建構「大茅埔四季色彩符碼學」，不僅成了聚落美學的基礎，也讓孩子運用這些色彩排列組合、發揮創作，透過符碼進一步發揚地方特色。

PROFILE

吳哲銘

原從事玩具晶片設計，後因為認識客家金曲歌手黃連煜，在一次和他在家鄉東勢的山歌田調，發現家鄉就是最道地的「客家國」，在他的鼓勵下返鄉，並與耆老成立大茅埔調查團。

LUKANG ARTS FESTIVAL

文字一張敬業　圖片提供一鹿港囝仔

STEP 2　組織篇

今秋藝術節

如何辦一場地方慶典

「今秋藝術節」是由鹿港囝仔文化事業與保鹿運動協會於2015年共同在鹿港籌辦，屬於凝聚鹿港地方青年的新型態慶典。當時因2009年前往義大利參與地方型藝術節的啟蒙，發現再偏遠的小鎮、漁村，每年都能透過慶典的方式凝聚地方，並與來自世界各地的藝術家在自己的家鄉狂歡，展現地方的活力。因此團隊成員自2012年陸續回鄉，透過定期的社區行動集結能量，又在2014年認識到越後妻有大地藝術祭所重視的「地方參與」對於地方慶典的深遠影響。

終於蓄積已久的能量，在2015年的「中秋」之際展開第一屆的今秋藝術節，往後到2019年連續舉辦了五屆，期間也意識到如果只舉辦有活力的活動，是沒辦法把人們留在地方持續生活的，因此啟發了開創事業的想法，而陸續開設酒吧、餐廳、咖啡廳、民宿等等商業單位，也讓參與投入藝術節的夥伴透過事業的創立，在藝術節結束後可以持續留在鹿港生活。留下來生活才能持續的與地方連結，將節慶期間連結到的緣分持續深化、建立關係，共同面對地方的處境。

2019年之後團隊成員發現，每年舉辦藝術節不只籌措節慶花錢也花心思，無法回到生活的視角持續累積，因此自此之後改為「三年一屆」的節奏持續舉辦。2022年蓄積了三年的能量，有別於以往兩週的活動展期，一次超展開為期一個月之久，但也因此意識到這種屬於地方參與的節慶，其影響力並非在於展期與規模大小，而是地方內容透過節慶籌辦過程，所串連起來的地方凝聚與能動性，才是更值得關注的因素。即將迎來下一屆的2025年，籌辦團隊也將翻轉思維，回歸地方慶典的核心價值，還請拭目以待；在此之前先分享今秋藝術節從野生時期一直走到有規模、有組織的成長過程！

KNOW HOW 1～2～3～

POINT1 用行動找合作店家

第一屆的今秋藝術節，是以表演節目、講座、工作坊等活動為主，還沒有太多地方店家的合作展開，自第二屆開始製作策展地圖，才意識到如果要增加地方慶典的豐富度，地方店家的投入是關鍵的一步，也因此開啟了藝術節「友善環境店家」的商圈地圖專案。

當時的大家，接續著保鹿運動協會推廣的「生活減塑」理念，開始從鹿港的餐飲店家中尋找有「提供內用環境」、「重複使用參與」、「好吃」等三個條件者，並且由專案人員逐一向店家說明合作機制，主辦方也製作地圖與店面的認證貼紙提供識別。對於店家而言，並不完全因為理念而加入計畫，也可能純粹是因為有人能幫忙打免費的廣告，所以很阿莎力的答應。

不管是哪一種理由，重點是大家都以參與支持了計畫，因為「行為改變環境才是真的改變」。後來團隊也藉著「街道博物館」的機制，開始跟鹿港大街上的老店合作，透過前期搭配志工培訓的田野調查，整理店家故事，並藉由街頭策展訴說老店的故事，也將資訊整合在「策展地圖」中，如此一來不論是對在地人還是來訪的人們，今秋都有更豐富的內容可以呈現。

POINT2 空間的溝通術

空間數量的展開，確實可以增加策展的豐富度，以2022年的藝術節為例，就史無前例地在鹿港街區展開18處展覽空間，其中包含邀請藝術家的創作展覽及街道博物館的內容展示。也因為每個空間的屬性、區位、使用權力等條件不盡相同，空間展開越多，也提升了溝通的複雜度，不單單是空間使用權力的溝通，還有內容呈現方式要如何與觀展群眾溝通。

創作型的展覽，通常需要比較完整的室內空間，但又因為合作的空間多半並非展覽空間，所以許多展覽需

要的燈具與展牆，都需要以後加工的方式補充上去。團隊也曾嘗試在社區戶外空間策劃展覽，不管是專程前往的觀眾或不經意路過的民眾，都可以因為展覽而駐足在平常不被特別關注的空間，而這些空間也是藝術節策展的敘事之一。

空間權力的取得方式不外乎「租」和「借」，租便是在合理的預算內支付租金，借的話可能需要事先談好使用範疇與權限，並且說明清楚互惠條件，例如整理空間、宣傳曝光等等，但不管是哪一種方式，都建議必須簽「合約」以確保溝通權益。這一關卡也是許多空間持有者不熟悉的，但有合約確實會讓後續合作得以更順暢。

POINT3 建立志工招募制度

前兩屆的今秋志工，幾乎是認同、想幫忙就隨時可以加入，比較像是「俱樂部」、「同樂會」性質的招募，主辦與志工雙方看似較無負擔，但也潛藏許多管理問題。後來從2017年開始成立「今秋志工隊」，逐步建立招募制度，開放全台灣各地的有志者加入。

不同於其他藝術節志工報名及加入的模式，今秋還增加了「面試」的關卡。面試的目的在於大家即將投入時間，還要專程跑來鹿港參與兩到三個月的培訓、籌備過程，希望在此之前確認彼此的認知與理解一致，並且重要的開閉幕日時間也都可以保留給藝術節。錄取之後，培訓課程會安排藝術家、講師、文史工作者等，協助志工在培訓期間認識鹿港、藝術家、作品與藝術節的

其他節目。這些認識有助於志工夥伴在進行第一線工作時，能提供更完整的服務給群眾。

POINT4　內部分工與外部協作

由上面幾點可以得知，初期的今秋並沒有所謂的工作組織，而是有多少工作大家一起分著做，但更有組織、規模、資源之後，有效率的分工分組與協作就有其必要性。

策展團隊大部分的行政、行銷、企劃等聯繫工作，會交由鹿港囝仔文化事業的專案人員執行，依照專案類型分工分組，再進行專案間的橫向協作；策展內容、節目、藝術家合作，大部分由策展人聯繫、溝通、發想，再與對應的專案夥伴進行內容與空間的銜接；主視覺的開發會委外給專門的設計師協助，開發完成後，延伸的文宣品製作才由組織內的設計夥伴製作，並由主視覺設計師協助監製設計內容。

大部分的核心工作皆由團隊內部夥伴完成，除了特別專門的工作，如設計開發、燈光音響必須委外，如此雖然提高溝通效率，但內部的工作壓力也跟著提升，這也是策展團隊在下一屆籌辦時需要反思的平衡。

POINT5 整合資金多元性

今秋的資金來源，可以分成「企業贊助」、「政府補助」、「小額支持」、「門票與周邊收入」等面向。前面幾屆幾乎依靠幾個大筆的企業贊助慢慢走過來，但後來我們也希望增加資金來源的多元性，開始整合團隊執行的政府補助案，在不同的補助案間拉不同的專案內容，整合在今秋藝術節做展現。

最值得一提的，是從2017年開始的「點燈寄付」小額贊助機制，也就是地方的小店家、一般民眾、微型企業等，可以透過點一顆燈籠來支持。2022年總共有50組贊助，以每顆燈籠六千元起跳，當年透過點燈支持的資金就有30萬以上。這種方式並不是今秋原創，而是學習日本各地祭典的籌辦方式，募得的燈籠會在慶典期間做展示，結束之後燈籠回歸給贊助者作為紀念。鹿港就有許多店家是從2017年開始支持，店內擺放了四顆今秋燈籠，除了可以看見「死忠」程度，還能藉由燈籠展現地方的凝聚與支持。

PROFILE

張敬業

鹿港囝仔文化事業創辦人、今秋藝術節策展人。不做策展人的期間，與夥伴經營民宿、咖啡廳、餐廳，組織街區再生活動，同時也是「菲禾」的爸爸。

黑泥季

MUD FESTIVAL

文字—巫宛萍　圖片提供—彰化縣莿仔埤圳產業文化協會

什麼？！竟然是越髒越好玩？！

黑泥季，是一場位在濁水溪北岸、彰化溪州鄉，關於流域、關於農村、關於地方倡議的活動。每一次的舉辦，結合對農村永續、守護的想像，透過藝術裝置、表演藝術、農村市集、田野體驗、黑泥遊戲等直接到田裡玩的經驗，在大家心中抹上一把，具有滿滿土地能量的黑泥。

而這場地方慶典，到底從何展開的呢？

濁水黑泥季土壤中的小苗，是從時任的黃盛祿鄉長任期中，從無到有發起的文化活動，歷經2010年到2014年「溪州文化季」的澆灌，累積了地方人們文化參與的深厚動能，當時文化季最重要的任務則是讓

「文化」走入鄉親們的生活。每一年的重頭戲「藝術踩街」，鄉親們以回收物創作，裝扮於團隊身上，走在街區的鄉親們不分身份、職位，透過藝術創作的能量，激發地方動員和組織，是地方國小和社區投入文化參與很重要的階段性任務；而「黑泥季」在這樣的能量累積當中，僅僅在某一次發想舉辦下一屆溪州文化季聚會當中，有人提起「我們護水這水是來自濁水溪，土壤是黑色的，黑色的土壤—黑泥季！」，這一轉變，讓2015年到2018年的活動，將農人常一起生活和工作的黑泥元素融入在其中，成為體驗一大轉型的階段。

當我們找到一個重新定位地方文化活動的追求，也打開了對農村文化與議題上有更多的嚮往，期待找到更多對土地的認同。

2019年起，由轉為民間組織的溪州尚水農產股份有限公司、彰化縣莿仔埤圳產業文化協會所主辦，透過組織的不同角色，串連地方上的友好社群，集眾人之力完成這一場活動。黑泥季開始走向鄉親動員、農民組織，結合友善田區，直接到田裡體驗與農村共好的開創性活動。來過黑泥季的人們，都會走入這一處「純園」，聆聽著平地森林溝渠中的潺潺濁水，搭配著鄉親們抬槓的

交談，觀察周圍經過十年友善耕作的黑泥水田中的萬物生態，感受這片田地孕育著對農村的鄉土情。

打開硬碟，開啟當時志工的相簿資料夾，回憶瞬間一湧而上。深信黑泥季會如此深刻地在人們的心中，是因為和大家作伙！對一個資源不多的農鄉來說，一場幾千人的活動，最受挑戰的是在有限的資源當中，擁有一群無私又相挺的鄉親、各界好朋友們，出錢出力出車完成這場盛會！

KNOW HOW 1～2～3～

POINT1 鄉親是堅定的靠山

7、80歲的崑山叔，一輩子拿鋤頭種田務農，黑泥季籌備期間不論天氣多麼酷熱，總是騎著他帥氣綁著活動旗幟的鐵馬，到處遊走逢人就說黑泥季舉辦在哪裡，什麼時候開始，用他的方式進行游擊放送。

村子裡的阿弟仔被動員來幫忙，放下家中田裡的工作，志工服一套上身，就開始幫忙接駁運送來參加的民眾，讓民眾可以少走一點路；興許騎乘電動車帶來的追風感，或是意想不到會有人想要來自己家鄉玩的興奮感，阿弟仔們貼心的付出，成了他們身上另一種帥氣光芒。

地方社區協會的大哥、大姐們，在路口的接待帳篷裡，放置從家裡搬來的塑膠椅，自備白鐵仔矮桌，放上運動飲料和水、指揮交通棒，再放上一組茶具，邊泡茶邊管制，露營式的管制模樣，親切感直升，因為有他們才能知道哪些是在地人，哪時候應該要給個通融。

前往停車專區的沿途中有一處宮廟，廟裡的掌門人老帥哥，駐點宮廟的路口處，搭起田裡工作常見的五百萬大傘，坐在圓凳上，拿著指揮棒進行管制，告訴大家應該改往哪裡停車，活動會場往哪裡走，似乎有一種神的指引。

村長親身出馬，落實為民服務，為了黑泥季特別安排了九人座作為活動接駁車，載送沿途走路的民眾們，邊載送邊聊聊村裡的故事和物產，無形的貼心感，烙印在這些乘坐的民眾身上。「謝謝、謝謝，辛苦了！」一句句的道謝，取代了彼此說再見的時刻。

想起當時還有鄰近村民的院埕、空地都提供作為黑泥季的停車場所，解決了停車問題；黑泥季前夕正逢颱風雨季，藝術家Kawa忙著進駐創作以外還要開著怪手，一直神救援卡在泥濘土壤中的車輛。

溪州鄉親志工們的參與，創造了志工群另類最接地氣的光榮感，是無法取代的在地精神，同時也是黑泥季最驕傲的地方！活動前與鄉親志工們的聯繫請益，正是因為，這裡是他們所生活的地方，外地人、在地人要來咱的庄頭裡面玩，他們熱情的接待與回應，是呈現他們日常中對生活度日的所在，所累積的情感表達。

POINT2 我們的「小哈泥」志工

黑泥季志工群，鄉親扮演重要的夥伴以外，還有來自各縣市對黑泥季充滿期待的朋友們，自願性的報名參加，我們暱稱「小哈泥」。招募前會先透過場地圖、流程表盤點志工所需技能與人數需求，並提供組別、時段、任務及聯絡、交通等資訊對外開放報名，我們喜歡大大小小的朋友來擔任志工，也鼓勵地方學子一同投入參與，所以沒有篩選機制，人人都可以參加。

志工的背景小調查，會透過自我介紹的內容分工合適的任務，所以會有很多種小哈泥的特質：親切又熱心的泥、活潑又會帶動氣氛的泥、喜歡把東西弄得整齊漂亮的泥、隨機應變能力很好的泥，還有很多很多不同特質的泥……每一位熱愛土地的小哈泥，投入其中，一起完成這場盛會！

歷經兩屆小哈泥志工的加入，活動多了更多幫忙的手腳，要讓志工有所發揮和參與，其實有很多籌備工作，包含前期的招募、評估、聯繫，到確立好志工成員的分工、培訓，以及活動當天的安排、報到、吃食、福利等，環環相扣的細節，正是一場活動成功與否重要的小螺絲釘。

POINT3 給予意義 + 清晰任務 = 活動的組織文化

招募到志工之後，接下來最重要的任務就是「志工行前說明會」。說明會內容包括活動緣起、年度主題、系列活動內容、周邊商品、工作分組與任務重點、交通資訊等等，同時開立順暢溝通的各組工作群組。除此之外，也會實地帶志工走過一次活動場地，更能夠實際感受現場以外，面對面說明執行任務和細節（疫情後遠端聯繫成為工作日常的一部分，若志工來自四面八方，也會善用線上會議方式進行）。因黑泥季屬於短暫的活動志工類型，培訓的重點在於活動當日，規劃志工參與的任務，將組別任務的內容說明清楚。

重要的是，志工能夠更理解舉辦這場活動的精神與意義，這將成為大家心中的養分。對某一次的舉行印象非常深刻，由於純園距離停車區有一段距離，接待服務中特別規劃了四人座的電動腳踏車減少民眾徒步距離，乘坐時欣賞沿途的風光，有陽光有風很舒服以外，志工們還會透過自己的理解與感受，和民眾們聊聊天，然而這些簡單的介紹和對話，留給民眾很深刻的回憶，因為那樣的交流，是一種發自內心的互動。曾一度收到很多民眾給予回饋，不僅是接駁服務貼心，志工們的分享也倍感溫馨，感受到參加了一場很有意義的地方活動！

POINT4 志工福利＋貼心安排＝提升志工的熱情

經營志工組織，如同經營一間公司的企業文化，志工福利與收穫，透過主辦單位的服務與細節，帶出一場文化慶典想創造出的新文化。每一位志工都是花費自己的時間和力量，協助活動運作順暢，反之對志工貼心的福利和照顧，越周到讓人心越凝聚。

黑泥季提供給志工的福利，會贈送「黑泥T恤」當工作團服，志工們一起穿起來，就超有氣勢的；「帽子」則讓整體的形象感提升，走在會場中，也是一種周邊商品的代言人。當然，還有志工服務時數證明，會讓地方學子在學期間，有課外活動參與的最佳證明，以及必要的交通接駁，提高大家的參與度。至今在一些場合看到穿著「黑泥」字樣的人們，反而成了另一種志工們和我們相認的符號。

還有最重要的「餐食」，如果可以，甚至安排一個舒適的場地提供給志工們好好吃飯，但這樣的安排往往會被忽略，多以簡單的便當讓志工果腹。為了更緊密的網絡大家，黑泥季最新的策略設計，是提供攤友消費兌換券，一方面消費不外流，還可以支持一起參與的攤友們；另一方面，也讓志工們選擇想換取的攤位產品，畢竟有時活動期間過於疲倦，吃不下東西，就可選購其他產品帶回去，完全避免掉很常會被剩下的活動便當。志工是自願性花費時間、體力來相挺這場活動，給予志工休息所在，好好吃飯、聊天，是對他們的照顧，體貼他們的辛勞。當然根據每場活動的不同，福利和照顧方式皆會有所不同，重點在於彼此的共好和尊重，就像小哈泥曾留言給我們的：「後會有期，未來還會再一起努力！」

PROFILE

巫宛萍

2010 年移居溪州，從就讀研究所的少女變成一枚生活在地方的媽媽，永遠說不清楚自己的職業是什麼，直接統稱「地方工作者」，正在盡微薄力量，讓這個所在變得更好！

文字—蘇育瑩　圖片提供—雲林100種生活在地藝文協會

HOK-LIÛ-TSÈ 伏流祭

談起雲林，許多人第一印象可能是無邊的田野與繁忙的農業景象，但「雲林100種生活」團隊卻認為，除了農業，這片名為家鄉的土地還有更多精彩值得被看見。為此，2022年的6月伏流祭（Hok-liû-tsè）應運而生，成為連結雲林在地農業、人文與藝術的大型藝文祭典，試圖將雲林地方生活的多元樣貌，建構為不一樣的「地方祭典」呈現。

伏流祭，也可視為雲林的100種生活的投射。

自2020年起，雲林100種生活團隊開始聚集一群關心地方生活的人們，發展至今核心成員已有14位，其中包含返鄉者、同時也有島內移居者，成員組合橫跨各領域，如有紀錄片導演、室內設計師、攝影師、小學老師、刺青師、做醬油職人、私廚廚師、一般上班族，也有靠接案維生的自由工作者，各自擁有不同的專業，因關心在地藝文發展而匯聚。團隊成立最初透過人物誌、講座和各種工作坊等小型活動，分享在地生活的百工職人日常，讓更多人有機會透過團隊視角，看見這個傳統農業大縣實則富含多姿多彩的生活型態。

「農業、藝文、人文、台文」四大元素，為貫穿伏流祭核心的主軸，且為了在一日的藝文祭典裡，呈現雲林在地生活的多元樣態，團隊除了在活動規劃納入「農藝市集、風格餐桌、藝術策展、手作體驗、文化導覽、創生講座、台文故事時間與音樂會、趣味闖關競賽」等項目外，也透過每年與一位在地藝術家攜手合作的設定，融合在地人文特色做為主視覺重要元素，甚至成為籌措活動經費的募資商品之一。這個設定希望讓在地藝術家有更多被看見的機會，也期許未來無論是「雲林100種生活」或是「伏流祭」，能夠真正作為雲林在地藝文發展的助力之一。

而在伏流祭的籌備經驗中，策劃地方祭典的宣傳時，關鍵策略不僅在於吸引社群受眾目光，更要在宣傳過程與受眾建立情感連結，因此整理分享伏流祭的宣傳策略重點。

KNOW HOW 1～2～3～

POINT1 連結地方特色，建立鮮明視覺識別

有效的社群宣傳，來自將在地特色萃取為祭典的一部分。

團隊過去兩年透過「雲林100種生活」社群粉專宣傳伏流祭的經驗，會善用地方特色的元素，作為地方慶典設計的一部分，其中具有的故事性與連結性相較於單純宣傳活動，可更緊密連結在地社群、甚至有效創造討論話題。

如伏流祭的命名便緊扣雲林農業大縣背景，而伏流祭的標準字，為北港森興燈籠店店主林胤騰手寫設計的燈籠體，又因該字體常用於祭祀燈籠上，故只能直式書寫，層層意涵也有投射伏流祭能像伏流水般滲透、並滋潤在地藝文發展的期待。

此外，在視覺設計上亦使用顯眼的在地元素，如2022年為西螺大橋、2023年為虎尾糖廠鐵橋，且2023年延伸的周邊商品設計更加入虎尾同心公園的老虎石像，種種考量即是希望從根本建立祭典與在地特色的深度連結。

POINT2 與指標性團隊合作，發揮口碑效應

活動的聲量擴散往往依賴社群的力量。

過去兩年籌備伏流祭期間，雲林 100 種生活透過團隊夥伴間的人際網絡，廣邀不同類別的意見領袖、地方團隊、基金會、在地店家與企業，共同推廣祭典開始前的一系列暖場，甚至是當日活動。為此，2023 年伏流祭暖場系列活動一共規劃六場次、當日活動更高達九大項。

這些與指標性團隊的合作效益，不僅作用於社群上的分享觸及，更能透過對地方經營的理解與口

碑，有效吸引關心地方事務的受眾，而這樣的受眾通常也比一般大眾對活動擁有更高的認同感。

POINT3 互動式體驗，強化受眾情感連結

有效的社群宣傳不僅僅於社群媒體的推播，也要有規劃地讓線上與線下活動無縫連結，以創造完整的參與體驗。

除社群宣傳外，團隊也使用了傳統的宣傳手法，如製作實體海報張貼於各地實體店家。看似老派的手段，透過日常往來與互動過程中，建立起在地人際網絡，往往能在最需要的時刻得到資源上的支持。這樣的宣傳方法既維繫人與人之間的情感，也讓實際宣傳效果具有廣度與深度。

針對線下部分，伏流祭亦辦理一系列暖場，與活動當日的雲林多重體驗，目的即為強化目標受眾的實際投入與情感連結。如主題餐桌提供雲林農產的沉浸式體驗，讓參與者透過餐桌儀式感受地方產業與飲食，多數時候也讓參與者在結束後仍心懷美好回憶，並願意主動在社群分享經歷、進一步擴大慶典活動的影響力。

POINT4 透過版畫藝術品群募

在地方祭典與藝文季盛行的時代，伏流祭之所以受到熱烈關注，也與採用主視覺製成的版畫作品進行群募有關。透過版畫藝術品募資的操作方法，搭配高品質的作品攝影、與適切的文案產出，若放在都會區或許不那麼新奇，但當發生在多數人認為藝文資源與發展相對匱乏的雲林，則是起到意想不到的作用。

事實上在籌備這兩屆的過程裡，無論是視覺與設計的呈現、活動內容多元展開的規劃歷程，在各大地方創生社群裡受到不少關注與討論，2022 年版畫家許以璇的作品「雲林的伏流」，更是因此火速銷售一空。透過這種與

在地藝術家合作與支持其創作的模式，不僅讓外界看見地方新銳藝術家的潛能，團隊本身亦藉由藝術品銷售，逐步邁向活動資金自給自足的目標，更重要的是讓這個雲林土生土長的藝文祭典，為在地藝文發展注入一股活水。

POINT5 更廣義的社群經營

伏流祭做為自籌自辦的大型藝文祭，且 2022 與 2023 連續兩年適逢選舉年，在考量保有籌備自主權的情況下，經費來源主要分為補助計畫經費、線上募資平台與企業贊助合作三大類。因此在有限的時間（團隊核心成員各自有維生正職）與經費來源下，所能動用的行銷宣傳資源，僅有土法煉鋼地使用 FB、IG 社群記錄與發布籌備過程、仰賴團隊成員的人際網絡轉發分享，與製作宣傳海報發送至全台各地願意協助宣傳的實體店家……等等老派招式。

招式雖老派但奏效的原因，仔細推敲、最終的關鍵還是在於「社群」的建立與經營。社群指的不僅是狹義社群媒體互動養出來的社群，廣義來說，更是藉由雲林 100 種生活團隊夥伴落地多年、建構的地方關係連結而成的社群。

甚至，也曾在籌備前期舉辦鄉親說明會，一來為找尋合適的夥伴加入，二來為擴充地方網絡，尋找後續有機會合作的在地店家，而這樣的行動方案，也讓團隊在籌備過程中即便缺乏金援與物力，仍在關鍵時刻獲得最適切的援助。

如兩年來活動舉辦的場域三秀園與拯民國小，為團隊長期互動的地方夥伴，並以合作名義大幅降低租借場域相關開支；缺乏籌備音樂會資源，因此邀請台南的透南風工作室與黑哥團隊合作「恁的演唱會」，做為順田水台文音樂會的基礎。至於連續兩年造成社群討論話題的主視覺海報，是與團隊長期互動的在地藝術家產出成果，而媲美商業廣告等級的募資宣傳與成果影片，也是兩年來募資平台金額順利達標的關鍵，皆仰賴團隊夥伴人際網絡的鼎力協助。

就如英文有句俗諺「It takes a village to raise a child.」，意思是養一個小孩需要傾盡全村之力，而這句俗諺，對於從夥伴手中一點一滴長出的伏流祭而言，是相同的道理。伏流祭是返鄉與移居的人們，合力送給家鄉的一封情書，內容投注了期待、自我認同與對於未來無盡的想像。

總歸一句，在開始規劃地方慶典之前，好好盤整地方夥伴網絡、甚至是場域周邊關係人，會是邁向順利舉行的重要一步！

PROFILE

蘇育瑩

外地求生十年而返鄉的專案PM，因承接地創計畫一腳踏入地方工作，現為「雲林100種生活在地藝文協會」理事長與伏流祭企劃窗口。身為務實行動派與地方聽團仔，種種行動是為了能在自己的家鄉擁有喜歡的生活。

地方工作者心中的慶典好物來開聊！

主持—陳怡珊　文字整理—編輯部
攝影—林靜怡、朱上均、張敬業、賴良琪、安比
特別感謝—好伴社計、叁捌地方生活、光之島文化藝術基金會

林清盛／豐盛書店

祭儀的族服，也是阿公的背心

這是我阿公的背心，有一個草的味道！沒錯，因為它是苧麻，現在已經很少苧麻做的背心了。男人到了一個階級，比如說我再過幾歲之後，成為耆老的階級就要穿背心。我一直以為跟苧麻的關係很遙遠，但阿公一拿出來才發現原來以前背心真的是用苧麻做的，只有在重要祭儀才會穿，比如年祭。當我們越長越大，會透過服飾來尋求對族群的認同，會覺得穿上族服是一件很驕傲的事。

吳崇閤／東岸國際旅行社

七爺八爺的篙錢

我是旅行社的業務，很喜歡花蓮，七年前全家移居到這裡。今天帶的東西一直放在我桌上，它叫做篙錢，是在七爺八爺頭上後面、從帽子延伸下來的，一般人可能會以為是祂的頭髮，跳動的時候會掉在地上，大家會覺得撿回家可以保平安。朋友說可以拿去燒、化成水，讓小朋友洗澡，我一直在找機會使用它。

這是今年農曆 5/13，我去參加瑞穗富源社區的保安宮 136 週年的慶典，前一天有夜巡，全鎮的人都會跟著祂走，我光聽就覺得實在太有趣了，聯絡地方朋友、他也願意帶我們去，因為祂夜巡不像媽祖遶境可以跟著走，他們是開車的。本來對宮廟文化是很敬畏害怕的，但透過這個活動，朋友在旁邊解說現在是什麼情況、神明為什麼會一直進去出來，理解這些事的時候，就會覺得這些地方變得很有趣。

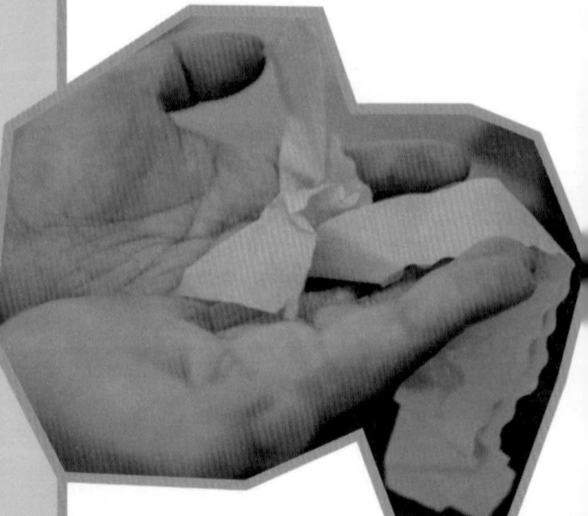

來開聊！來開聊！

蕭淳恩／光之島文化藝術基金會

深化展覽的必要雜誌

我帶的是《藝術觀點 ACT》雜誌，它這一期的主題是「如果耕耘是一種創作」，是龔卓軍老師在 2022 年大地藝術祭的相關主題。《藝術觀點》是台南藝術大學的雜誌，每期主題不同，但花了很多期在講大地藝術祭。

我有實際去看展，覺得它是一個需要透過出版品深化意涵的展覽，一方面可以更深入了解策展團隊在三年間花了多少的心力、還有展品背後的故事，以及各種共創的活動，再來就是這期關注的主題跟我的工作內容有一些連結和關係。

蕭秩瑄／藝術行政

牛骨製成的項鍊

我帶了一個項鍊來，是今年 6 月參加太平洋藝術節、從夏威夷帶回來的項鍊，是工藝師用牛骨做成的鯨魚尾巴。

藝術節每四年辦一次，2020 年本來要在夏威夷辦卻因為疫情停辦，距離上一屆的關島已經隔了八年，會有很多藝術家聚集、去認識太平洋島國，可以在那邊看到很多不同國家，相互交流文化，反思台灣在太平洋上的身分。這個項鍊是純手工雕刻，現場他們有點像是在交流工藝，所以很多都是可以配戴在身上的，比較常見的造型其實是魚鉤。

紀湘綸／花蓮縣牛犁社區交流協會

看到環境改變的水雉 T

我身上穿的這件衣服，上面的鳥是水雉，是我們協會去年做的，做這個水雉 T 是因為協會長期在做地方環境調查，幾年前總幹事發現水雉好像在豐田、壽豐一帶定居，水雉是二級保育類的鳥類，需要非常乾淨的水質才能生活。因為豐田以前曾經因為採玉、種西瓜造成生態被破壞得滿不好的，經過三、四十年環境又回到水雉可以生活的狀態，很喜歡這件事，所以做了這件衣服。

陶維均／豐田移創指導所

把地方帶上車的衛生紙

我帶的是和牛犁協會合作豐田文藝季時做的地圖，它是一個衛生紙，疫情時很多人開車在國內玩，我們想大家來花蓮都會加油，加油站都會送衛生紙，因為豐田是一個小村子，它的路其實滿小的，如果我們做一個很認真的地圖告訴大家演出在這裡、展覽在那裡，會有很多外地人開車移動找停車位，造成交通困擾。所以就想做一個大家完全看不懂、沒辦法按圖索驥走，但是離開之後又會感覺到「喔，我曾經去過一個這樣的地方」，才做成衛生紙想說可以放在車上，開車回去如果哪天要擤鼻涕，就會想起自己曾經去過豐田。

賴冠羽／樂見里 8 號閱覽室

翻轉產業的玩心

我覺得地方慶典或地方市集都是一種表現形式，最重要的是精神，就算沒有任何資源、沒有政府預算，只要覺得這個地方需要，就願意主動來做，常常最打動我的都是這些想為地方做社會活動的事。

祭典我想推鬆勢三日節，先不要說近幾年台灣在織品市場被中國搶走，或這個市場就是夕陽產業，有些年輕人想翻轉這件事，他們不想搞得這麼有壓力，而是抱著大家一起玩的心情。這二十年來有非常多地方活動，很多都是政府政策推廣，但看到有一些設計人、地方產業的人願意自己辦，這種地域振興的精神覺得很好，重要的是他們的初心，而且他們舉辦的同時也在認識自己的家鄉。

Celebration Objects

慶典好物

幫媽祖服務的薪水

我來自雲林北港，一講到北港就會想到北港媽祖，所以我帶的東西就和北港媽祖有關。手上這份其實是和信徒結緣的，這是已經是摺好的，它打開的樣子是一整條掛在神轎上面，有不同顏色，比如黃色的會在虎爺、千里眼或順風耳上面，這種我們把它叫做轎錢。

轎錢平常容易看得到，可是又不容易拿到，我們常說這是幫媽祖服務的薪水，比如我從晚上 11 點服務到早上 7 點那班入廟，才可以拿到一串這種轎錢，這就是轎班的薪水。我們北港人是說掛在神轎上、經過炮火洗禮的靈力特別好。

李振安／雲林縣海線社區大學

有點不一樣的香包

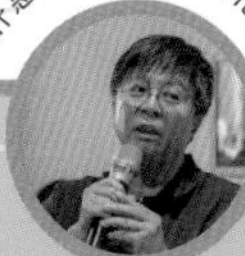

許惠雯／彰化縣文化資產學會理事長

我在鹿港從事地方工作，從小很喜歡鹿港有很多廟，每年端午節都會有很多活動，今年辦的是大家陸上行舟的時候，讓一些小朋友坐上龍舟，也讓他們下水去玩，而我帶來的算是香包的一種，要過火，佩戴這個可以讓蚊蠅比較不會近身。47 歲時我結束在台北的工作回到鹿港，投入地方相關事業，因為鹿港人有很多傳統的生活，我對這個很有興趣。

祭典就是整合地方的新與舊

吳宗澤／穀笠合作社

每隔 12 年埔里都有很盛大的作醮，把不同時期進來的族群、不同的神明做一個強烈的整合，埔里這群移居者因此被整合成一個有趣的實體，被認知為埔里鎮是個這樣的地方。

我覺得地方祭典就是如何把地方上的東西整合起來，也有很多傳承或創新的內容，埔里新型態的祭典有兩個，一個是每年元宵節會有「森林逐燈祭」，另一個祭典叫「冬至圓」，是我們重新發明冬至，因為有新的移居者又住在傳統的農村社區，所以跟著長輩和新的社群夥伴一起辦同樂會，會有音樂表演、講座、工作坊等。

江彥杰／壹零玖伍移民工文化協會

移工的盛大節慶

我帶的是泰國啤酒，通常在東南亞商店都買得到，講到泰國都會提到潑水節，台中比較沒有，民間有在辦的是在台南永康的泰國廟，每年都會辦潑水節活動，全台灣的泰國移民、移工都會去參加。另一個地方是新北的華新街，那邊有個緬甸街也有潑水節，潑水節其實是緬泰那邊的活動，大概 4 月多會舉辦，他們這幾年能量很充足、每年都舉辦得很盛大。另外，也想提一個活動是開齋節，台中的開齋節會辦在台中公園、第一廣場。

李橙安／高雄市鳳山社區大學

融合藝術和民俗的五毒符

我喜歡到處跑、到處攝影、到處去看，對我來說地方上的民俗活動就是難得可以跟這個社區接觸的機會，因為我們平常進去社區，大家都會覺得「怎麼會有陌生人進來」，可是當村子裡有民俗活動、在做醮，老人家在的時候，那時候大家最不設防可以盡情提問，也可以享受五感的體驗，比如拿雙筷子到處衝，去吃他們的點心、拿涼水等等。

我今天帶來的東西跟端午節有關，叫做五毒符，是剛才提到的藝術和民俗的融合。其實這是一個當代創作的版畫，會在端午節期間跟菖蒲、艾草一樣貼在門口。因為高雄市滿多登革熱，也會有人把它改成登革熱用的，它圖案滿可愛。

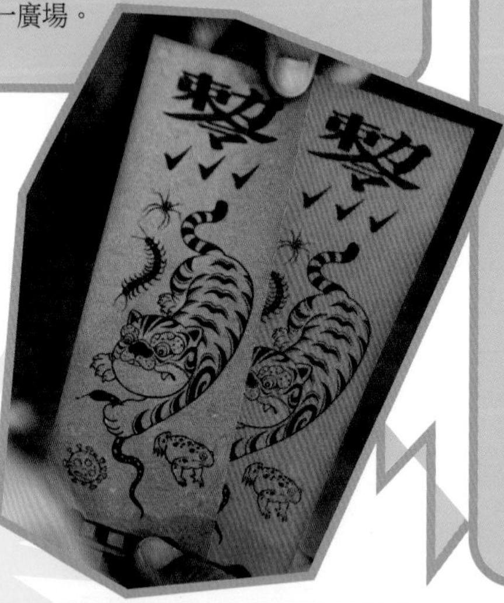

宜珮汶／高雄市旗美社區大學

陣頭團 T 是種連結

我是高雄內門人，祭典是成長經驗的一部分，所以想說我一定要帶陣頭團 T，這次是跟別人借的，他不小心給了總領隊的！陣頭的審美和我們的日常審美很不一樣，但是不知道為什麼，「儀式」好像會讓很多不合理的事變得合理，比如在大太陽底下走超多路，明明騎車或開車會快很多！總之，我覺得祭典有它神奇的魅力，我們從小就在這樣的地方祭典裡面玩耍、探索，到現在則是會進一步思考。

團 T 我覺得有點像一種連結，因為遶境的隊伍很長，如果我的村莊今年衣服顏色是橘色，不管走到哪裡玩或吃什麼、別人已經走了，只要辨認橘色走到哪邊就可以跟上，有識別的功能也有親切感，會知道跟我一起的人都在這個範圍內。

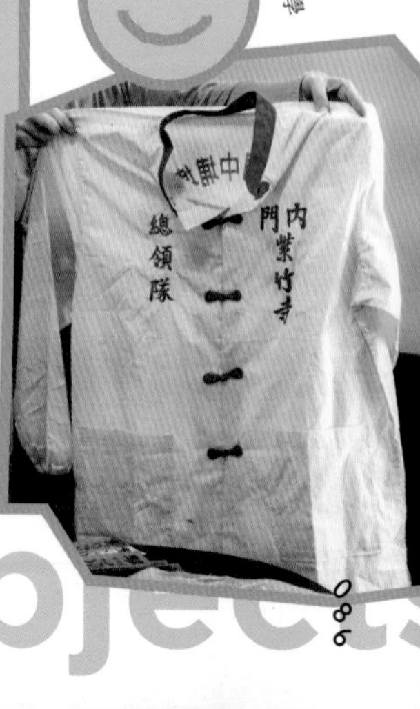

Celebration Objects

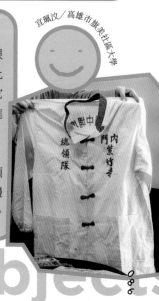

慶典好物

為長輩而唱的音樂會

廖于瑄／透南風工作室

我來自台南安平，因為之前是做社造出身，看了很多祭典或節慶，覺得一個村子或聚落著重的議題或群體在哪裡，他們就會辦那樣的活動，最終的目的其實是要讓大家生活有重心，有個主要的議題可以討論，這期間會有很多人跟人的連結。

我今天帶的私藏品是身上穿的衣服，這是七年來一直在台灣各地、離島、甚至去日本辦的「恁的演唱會」團服，是為長輩而唱的一個祭典或音樂會。因為都是跑農村、漁村等區域，重點是希望長輩可以聽到他們年輕時喜歡的歌，我們關注的群體是農村裡獨居在家的長輩，希望透過音樂把他們從家裡拉出來。這七、八年來已經辦了五十場，演唱會給我的感受很深，縱使長輩能得到社會局的補助，但演唱會給了他們心靈上的滿足和陪伴、溫暖，也因為要到台灣各地去辦，連結了很多各地的組織。

留下部落記憶的自製刊物

蔡姿妤／四季山和

我是一個很單純回去南沙魯的青年，會想回去部落做事，有個很大的原因是回去的時候，長輩是跟我說「欸，你回來了」，是回來、不是上來，那一刻會知道自己是部落人，即便我從小不是在南沙魯長大，而是台東達仁。

去年我採訪部落長輩，有好幾位都是獵人，我自己也有打獵過，真的很累。訪問狩獵經驗時，會發現很多長輩他們講的是小時候的故事，這些對他們來說很重要，但都沒有被記錄下來，他也不知道有沒有機會可以說，今年希望可以繼續訪問部落的遷徙。南沙魯的人平均年齡大概 65 歲以上，像我這樣 30 多歲算是非常年輕的一輩，長輩現在也慢慢會跟我聊天，會想說他們的故事有沒有機會被記錄下來。

音樂祭的夢幻逸品

邱承漢／叁捌地方生活

想到祭典，以我個人經驗會想到的是音樂祭，覺得音樂祭很有趣的是它不算一個地方祭典，可是現在很多音樂祭不只是聽音樂，其實會跟地方發生關聯性，甚至它是帶有一些目的性的。像我最遠去過冰島的 Airwaves，因為是辦在 11 月比較沒有遊客的時候，所以會辦在很多地方，像我就有在教堂裡面聽表演，是一個很酷的經驗。

台灣也有很多不同的音樂祭，包含大港開唱等等，但最有印象的還是蚵寮小搖滾，我現在拿的就是他們的夢幻逸品、第一期的《大潮報》，是一個非常成功的經驗。如果有機會去參加音樂祭，很鼓勵大家去參加前夜祭，因為像 Fuji Rock 的前夜祭不收門票，所有人都可以去，它的重點不在音樂，它堆了一個很像營火的東西，抬一個轎子在那邊繞圈子，很像日本的祭典。像蚵寮，會因為去了一個沒有表演的活動現場，有機會和辦理活動的工作人員做交流，而且就會被抓去喝酒，這就是音樂祭的真諦：創造人跟人之間很深刻的連結感。

地方慶典從來沒有

文字—楊智翔

圖片提供—魚池戲劇節、鬆勢三日節、跨蝦米藝術節、石在工作隊

為處理地方人口老化、嚴重外移，及人口過度集中都會區、城鄉發展失衡等問題，２０１９年台灣開始推行地方創生相關政策與計畫。政府盼望各界動起來，為永續發展及居住課題找尋解方，並在其中挖掘更為理想的生活模式，藉此平衡城鄉差距。

或許交集、或許平行於此背景，２０１８至２０２０年左右，策辦於地方的藝術節慶，逐漸於台灣各地蓬勃興盛，多期許能從中探尋並實現生活的想望。社會整體對於地方關注的提升，除了創生計畫使然，２０２０年全球爆發新冠疫情造成國旅盛行也多有影響。這促使大眾更樂於向內探索地方，並在過程中重新思索全球與在地變遷的關係，以及自我欲求的生活樣貌究竟為何。

從當時興辦至今的各式節慶，如今已走過五或六年，甚至更久的時間。正巧在這個時刻，大多紛紛興起轉型、停辦或續辦等不同方向的變化。這些於２０１９年前後發起的地方慶典，未必全然與地方創生有關，各有各的出現脈絡，且彼此面臨的地方議題也不盡相同。然而，為何近年多有所轉變？各自遇到哪些困境？又正嘗試什麼策略與行動，讓理念得以繼續走下去？還有值得思考的是，經歷這些年的實踐，地方慶典與在地／外地人的多重關係，如何重新解讀？而慶典策辦過後，為地方與團隊自身驅動或留下了些什麼？

源於上述好奇，這次邀請到「魚池戲劇節」（２０１８-）、「跨蝦米藝術節」（２０１９-）及「鬆勢三日節」（２０２０-）三個地方節慶的策動者進行分享。三人皆從創辦脈絡、近年遭逢問題，一路談及接續轉變的反思。他們出發點大多與地方創生無關，但走著走著不可免地也必須開始思索永續的議題。此外，除了與藝術展演相關的慶典，還邀請到「石在工作隊」分享如何結合當地祭儀，以「媽祖與我們的工作假期」（２０２３）來回應地方並延續參與，從中探索更多與地方交陪（kau-puê）的實踐路徑。

慶典結束後，有人開始調整策展團隊與形式，有人選擇暫時休息、重整經營，也有人連年不止，隨著地方前行。這些地方上的先行者並非無所畏懼，但卻總是願意邁開步伐，與難關斡旋進而翻轉逆境。未來從未定型，下次慶典又將如何再啟，現在任誰也說不準；不過可以確定的是，只要我們對理想生活仍有期盼與想像，地方慶典就從來沒有結束的一天。

Four Local Festival

結束的一天

4個慶典、4種聲音

ⓐ魚池戲劇節 Yuchi Festival

「在地」長大了，對於地方與觀眾的想像，變得不同以往且新鮮未知。

懷抱一股熱情，起初就是想把戲「種」回家，讓家鄉長輩就近有戲看。不論疫情轉線上、受颱風影響延期，任何困境我們都一一解決。然而做到第七屆，我察覺也已到了極限，固定會來就是會出現，不來的從來不太過問。這讓我又回頭思考：苦心做戲出來，到底和自己、和魚池要有什麼樣的關係？

自己做戲、賣票，也要把人留住

最初憑著人情，戲劇節在零經費的情況下完成，但這非常不健康。為了持續下去，且有些機構、商家看見我們努力，願意力挺，於是我開始尋求贊助、找合作、寫補助計畫，朝永續策辦邁進。這些管道確實補充了部分經費，也讓我們的理念得以實踐，但相對地我們也得顧及對象需求，籌劃例如關懷獨居長輩、適合兒童等的藝文活動，回饋社會大眾。不過，幾年下來我們始終沒有盈餘，也沒有屬於自己的作品，無法跳脫一年一度的戲劇節結構，也無法將戲留在地方繼續演出。於是，我有了成立劇團、養在地團隊的念頭，要自己做戲、賣票，也要把

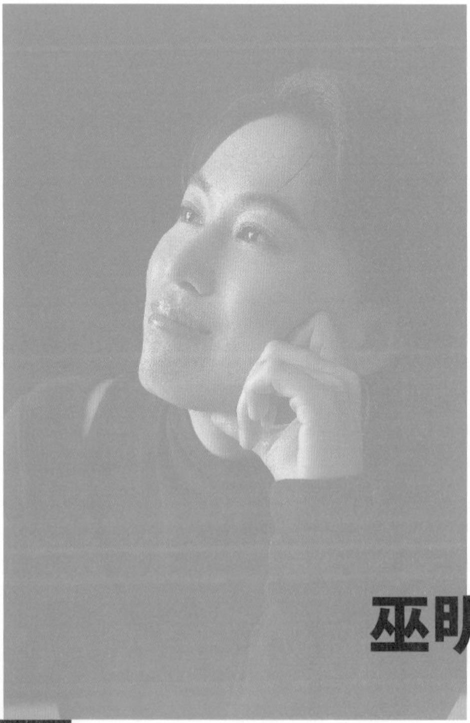

巫明如

台北藝術大學戲劇系畢業，主修表演。現為戲劇教師、表演指導、演員、戲劇策展人。自 2018 年起，秉持著把「劇場種回家」的理念，返鄉進行戲劇策展《魚池戲劇節》、辦理夏令營等活動。

人留住，理念才走得下去。

我開始計畫從城市搬回家鄉，移轉生活重心。劇團順利立案後，逐年微調戲劇節策展團隊架構，一步步朝向由「魚池戲劇團」主辦，並需於節慶中做戲來進展。現在，劇團已有一部述說在地生活的作品《做魚》，而我同時也在中部任教，如此一來有作品也有學生，要把戲種回家的初衷，因而有了更具體的推動。過去，理念實踐的場域大概只有小小一塊魚池，現在只要車程一小時能抵達的地方，都是我正在「種戲」的範圍。我的「在地」長大了，對於地方與觀眾的想像，也變得不同以往且新鮮未知。

辦戲劇節、創作作品，究竟為了誰

由於緊鄰日月潭，魚池本就是觀光區、有許多遊客，且會順道來戲劇節玩。為了對得起觀眾，曾經我對美學有高度堅持，要邀哪些戲到魚池演出，總是精挑細選、再三思量。然而換個角度看，有些戲可能太藝術、不接地氣，在地居民找不到戲與自己的關係，因而難以共鳴。

於是，今年我首度跳出策展人職務，另邀具有戲劇顧問背景的曾冠菱擔任總策，並邀長年從事地方事務的王科權、楊邵翰共同策展。當團隊提出要將田調故事轉為裝置作品時，身為藝術總監的我曾相當顧慮，深怕不熟悉裝置創作的我們難以掌握美感，不過最終仍以互動式站牌呈現出來。結果令我意外，作品雖非吸睛驚艷，但居民的參與度極高且造成熱論，還有人渴望收購。看見這般景象，我省思許久，過去一直在意的美學，是不是與在地造成距離，因此有些人從來不曾過問？我在想，辦戲劇節、創作作品，究竟為了誰？

美學與在地的關係究竟如何衡量與對話，我至今仍在探索，好在有不同夥伴加入，這項課題能乍現一絲曙光。再過幾年我們就要迎接第十屆，魚池曾有鐵道、酒家且是個不夜城，希望到時我們可將過去的榮景種回來，尤其是那棵深埋在居民記憶中，碩壯無比的街邊大樹，期望能透過裝置來跨越世代，尋回大家對於土地的情感。

⑥鬆勢三日節 Sunset Festival

帶動地方變化的過程，我也不是沒有質疑過自己。

劉孟豪

從一間獨立咖啡館出發，近年串連地方的創意能量，與夥伴們發起「鬆勢三日節」，透過空間、活動、品牌，開啟群眾對非都市生活更多元的想像與感受。

2023年第四屆辦完後，今年鬆勢選擇停辦，但相關計畫仍不斷進行。會有此打算，原因有很多，其中之一是我們已對單點式展現感到疲倦，且近兩年我們開始經營空間與活動社群。如何策略性重整彼此關係，並在明年有更鬆的呈現，是停辦這年團隊持續思索的事。更要緊的問題是：透過鬆勢三日節，我們能如何想像社頭的未來？

從停滯轉為流動的所在，讓生活的地方變得更有創意

最初，我們因看不慣地方上的特賣活動，於是將鬆勢孵化出來，但隔年就打消這念頭。「織襪芭樂節」其實無比重要，那是每年清庫存、動起來的時機。於是，我們開始接觸產業、二代及更多在地青年，想探尋社頭停滯不前的原因，並一起找尋新的商業模式，協助媒合設計與製造端的「織襪轉運站」於是誕生。透過此計畫，我們期待能刺激產業轉型，同時從中挖掘議題，為後續暖身。

由於社頭沒有高中以上的學校，到了一定年紀，出外就學、就業、人口外流是常見現象。我們在想，倘若把大學生找回來合作，讓他們在畢業前，有機會重新與社頭連結，或許能改變的不只有他們，還能藉著年輕人的力量，帶動家中長輩一起變化。

究竟要有什麼變化，我們還未有明確答案，不過近年我們以「豪所在」為實體據點，已開始做些創意實驗。這個空間包含了展示、推售在地織襪品牌的「襪所」，以及可進行各式動靜態展演的「聚所」，同時也經營「鬆勢俱樂部」推展在地共學、培育與交流活動。藉著空間與活動經營，我們期許能引入外地人，進而擾動在地人，讓社頭從停滯轉為流動的所在，讓生活的地方變得更有創意。於是，對於社頭的想像，便不再只停留於腦海，而能有相當具體的經驗與感受。

還有什麼方法，能讓理念走得更遠

相對於上述的在地實驗，我們逐漸將鬆勢定位為「向外」。這個節慶，客群不乏有許多外地人，而它能展現的樣貌，我們相信絕非僅止於那幾天。因此，接下來我們將朝成果展為目標，匯聚「豪所在」與「鬆勢俱樂部」長時間經營的收穫，對外呈現於一年一度的鬆勢三日節，讓外界知道我們的實踐，從來就不只是單點式的狀態而已。

雖然團隊很給力，理想也持續推行，但帶動地方變化的過程，我也不是沒有質疑過自己。返鄉這些年，城鄉差距越來越大，但我眼中的停滯現象，卻不一定能引起在地人共鳴。是不是我融入不了這樣的社頭，才渴望改變大家？如果星巴克進來，大家就滿足，那我到底在堅持什麼？要把自己擺在哪個位置？還有什麼方法，能讓理念走得更遠？

種種關於自己、關於團隊，也關於產業與在地的探問，在這停辦的一年，有了更多發酵與深化的機會。2025年台灣設計展將首展於彰化，鬆勢也即將回歸，相信沉澱與重整過後，能有截然不同的策劃展現，足以在彈性與餘裕之間，雕塑出不只屬於我們的理想生活。

C 跨蝦米藝術節

Fang-Shan Art Festival

藉著藝術促進真實連結，並讓在地人看見自己、起身行動。

走過第六屆，我察覺最初號召大家、創辦「跨蝦米藝術節」的初衷從未改變：鳳山值得有更好的發展。

藝術家終究有離開的一天，然後又得歸零

我始終在想，藝術家除了做自己的創作，還能在社會中扮演什麼角色，帶動更有力的變化與刺激。在我多年的跨域合作經驗裡，起初我想到以「駐地藝術家」為核心，廣徵不同背景的創作者來到鳳山生活、創作，一面認識地方，一面跨界對話。很快我便發現，這非長久之計，藝術家終究有離開的一天，然後又得歸零重來。

不過也因為這段累積，我接觸到志同道合的夥伴，並把重心移轉到與我生活最密不可分的「市場」上，媒合藝術家與在地社群，進行更長期的計畫創作。藉此，我期望創作者能從生產作品的角色，轉變為擾動社會

林喚玲

南熠樂集藝術總監、跨蝦米藝術節六屆總策展人，台南藝術大學音樂表演與創作研究所畢業。關注地方文化、永續環境，在各種文化藝術行動中，打破框架營造更好的當代生活。

的提問者與倡議者，如此便能為地方帶來更大的影響性，激起更多漣漪。

但這談何容易，當我把視角轉到市場後，更錯綜難解的問題隨之而來。市場除了本是生活的一部分，同時也是鳳山建城後重要的文化場域，許多在地人的成長經驗，總是離不開市場，或其周邊應運而生的所有機能，因此所涉之廣超越想像。當市場遭受現代性摧殘，逐漸凋零而面臨退場命運時，髒亂、派系、未來發展等結構性問題紛紛冒出，連帶也糾纏著許多地方社群與組織，與長久以來建立的人際關係。

若要處理這些，遠遠超過了一個一年一度、經費時有時無的藝術節所能負荷的範疇。於是，在市場內租到基地後，我決定成立工作室，要用更長遠的目光，看待藝術家、藝術節與地方發展交互作用的可能性。

帶著藝術走出劇場、走入社會

對市府來說，市場是諸多問題的交集所在，非常需要都更來解決與重劃；但在我眼裡，這是許多人成長、生活的地方，萬一直接拔除，長久建立的文史記憶將瞬間抹滅。因此在定期性的藝術節外，我想用工作室來蓄積能量，透過更綿密與深入的行動，由內而外帶動大家關注文史保存或轉型的重要性，期望市場能轉為教育基地永續發展，走出都更命運來留住鳳山生活的味道。

為了這份期許，儘管攤商與居民們總認為「我們的故事沒什麼好講」，但我仍須促進市場有自己說故事的能力。今年邀來劇場導演，攜手市場攤商共創表演，除了要讓文史導覽有新的表現，也試圖在籌備與展演過程中，激勵市場本身要珍視自我價值，進而帶動後續更多計畫推行。這和起初的駐地思考截然不同，但不變的是，這麼做的起點都是為了鳳山。

某次，我在市場中演奏，攤商居民紛紛落淚。這股撼動的力量，超越過往我在廳院內表演的經驗，讓我更加堅定要帶著藝術走出劇場、走入社會。如何藉著藝術促進真實連結，並讓在地人看見自己、起身行動，是我策辦跨蝦米的最大目的。至於還能怎麼做，我仍在實踐中持續摸索與學習，畢竟鳳山已建城上百年，而我們工作室才成立兩年，相信仍有許多未知，還等待著我們一起去挖掘與開創。

d 媽祖與我們的工作假期
Mazu's Working Holiday

慶典結束後，我們並未停下，許多事情也尚未有解答。

石在工作隊

「石在工作隊」成立於2020年，由面臨迫遷的馬崗漁村居民、不同領域的藝文工作者聚合而成。核心成員何睦芸、陳衍良與林奎妙，以城鄉連線、社群共創的方法製造共感與公共對話，並將行動聚焦在連結事件現場與社會大眾。

由於財團要買地開發，馬崗村迫遷與自救運動於是興起。這起事件促成我們（林奎妙、何睦芸、陳衍良）成立「石在工作隊」，深入當地記錄、陪伴與推展行動。我們期望能將馬崗故事帶到城市，讓展覽成為更多人認識馬崗的介面，一面促成與土地保有情感的人，可有更多真實連結；一面透過城鄉連線思維，將與大眾切身相關的「觀光」問題淬鍊出來，開展更多對話的可能。

重要的信仰祭儀正在式微，有多少人在乎

2023年，馬崗三年一度的迎媽祖即將舉辦，但在地人憂慮慶典已六年沒辦，會不會早已被淡忘、沒人要來，恐怕連扛轎人手都不足。因為疫情，2020年曾停辦一次；也是因為疫情，國旅意外盛行，馬崗成了熱門觀光景點。在以石頭屋、海女海男、採集與信仰文化申請文資保存失敗後，馬崗又被強烈地以深具觀光潛力的目光凝視，且近年部分居民逐漸與新地主走向和解，馬崗的未來令人越來越徬徨。當地無比重要的信仰祭儀正在式微，但這有多少人在乎呢？

（攝影／黃馨儀）

（攝影／楊豐維）

於是，當聽聞遶境怕沒人來熱鬧、已不太想辦、要幫忙落人（lâu-lâng）後，我們接下爐主託付，籌備了「媽祖與我們的工作假期」，廣邀親友來到馬崗，企圖將這場難得的盛會記錄下來。我們預先向居民邀稿、製作社區報，在遶境期間於現場展示，並向各界調研，期望把昔日時程、路線、程序及儀式等資料，妥善彙整保存，同時安排好工作假期夥伴，屆時分散在廟埕、隊伍及家屋等地，進行多點記錄。

結果，這股力量之大遠超過我們想像，根本輪不到我們來扛轎。除了落來的人，也有不少關注我們行動的民眾前來，當然更有諸多居民返鄉，其中亦包含已和解戶。這大大打破了大家的既定印象，選擇和解未必就是已和地方沒有感情，顯然其中還有很多故事與議題，仍待我們深入探究。

（攝影／林孟正）

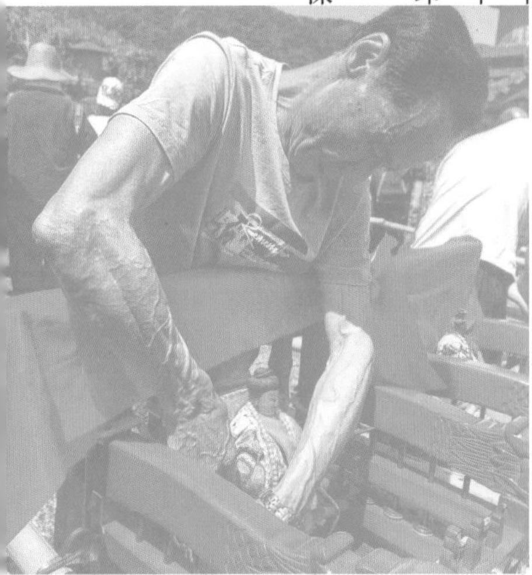

持續思考，該如何回應居民對祭儀的期待

為了將這股影響力持續發酵，並讓更多不在場者也能感受馬崗盛事，沒迎媽祖這年，我們以「去年神來過」為題，將工作假期夥伴的紀錄，逐篇分享於臉書。至於祭儀的完整紀錄，則已保存於社區活動中心，成為集體記憶的見證。除此之外，籌備過程我們曾收到一些期待，像是在外打拼的馬崗人，總想重現「過火」儀式，卻無從做起。基於想將馬崗祭儀完善記錄的心，我們和年輕人相約到隔壁漁村的大廟見習，並持續發想還能怎麼做，能夠凝聚更多動能來付諸實現。

行動能帶出影響固然很好，但同時我們也在思考，該如何回應居民對祭儀的期待，以及如何在工作假期乃至這些年的實踐中，重新思索下一步與觀光化的問題。調研地方DNA，就只能變現嗎？為何近年政府不斷投注資源做地方藝術節？而下次迎媽祖時，我們還能做些什麼？

慶典結束後，我們並未停下，許多事情也尚未有解答。回顧近年經驗，或許下一階段備受考驗的是，我們能否找到更多一起行動的馬崗年輕人，並促成長輩與青壯世代更多協作的機會，如此才有可能使前一階段的努力，回到海邊落地生根。

Now Online

一個從「我」到「我們」的地方慶典

地方策展上線中

邱靜慧

美濃愛鄉協進會總幹事。高中後就離開美濃到外地求學，從大學開始參與反水庫運動，並決定在畢業後返鄉服務。在地知識信手捻來，被視為美濃萬事通與人體活字典。

劉逸姿

2014 ～ 2021 年擔任黃蝶祭總策畫，目前為山下民謠公司執行總監。大學開始參加黃蝶祭，在美濃工作後參與活動籌備的各種角色，是黃蝶祭轉型環境藝術節的重要推手。

在一週的最後一個工作天晚上，四位地方慶典活動的策畫者從會議馬拉松、育兒、策展的忙亂中抽身，帶著各自的地方策展光譜在線上相會。過程中時時回望初心，彼此按讚，透過思想的交會讓彼此成為彼此的養分。

文字整理—曾怡陵
圖片提供—黃鼎堯、星濱山共創工作室、美濃愛鄉協進會

Local Curation

林書豪

星濱山共創工作室創辦人，永晝海濱美術館策展人。新北五股人，因為喜歡漁港落腳基隆。讓自己成為基隆的手和腳，以田野為根基，藝術文化為媒介，讓地方動起來。

黃鼎堯

策劃土溝村農村美術館、2020 及 2021 年金瓜石礦山藝術季，以及 2021 年馬祖國際藝術島。用藝術介入地方，把地方當成自己的品牌來經營。

Q 請先簡單自我介紹，說明策劃過的地方慶典、及負責的工作項目。

鼎堯：２００４年我就讀南藝大研究所的社區營造組時，進駐台南後壁區的土溝村，從２０１２～２０１６年策劃了農村美術館。之後擔任２０２０、２０２１年新北市金瓜石「礦山藝術季」的策展人，２０２１年當「馬祖國際藝術島」的共同策展人。

書豪：我在基隆創辦「星濱山共創工作室」，主要的場域在正濱漁港。開始做地方策展的契機，是發現基隆在文化藝術領域的推動有很大的缺乏，於是自發地在地方號召青年參與和執行一些行動。我們是先有過程，接著想要詮釋、展現和發表的成果，才開始想像地方藝術節的樣貌。從2018年開始舉辦藝術節，2021年提出「永畫海濱美術館」進行無牆策展，2020年和今年都沒有辦，2025年將會是第六屆。

靜慧：我是「美濃愛鄉協進會」總幹事。會參與地方的節慶活動，是源自我在大學時參與由愛鄉協進會輔導成立的「美濃後生會」。我們一群年輕人參與在地的反水庫運動，「黃蝶祭」是反抗運動的發聲平台。後生會主要會辦理八色鳥兒童生態體驗營，並在暑假支援黃蝶祭。畢業後到了旗美社大工作，協力黃蝶祭的舉辦，後來黃蝶祭的抗爭性已經沒那麼強了，就轉型為環境藝術節。明年是第25屆，滿30年。

逸姿：大學時作為一個聽過反水庫運動的文學系學生，我對美濃充滿憧憬，以觀眾的身分參加黃蝶祭。畢業後去旗美社大工作，被分配到不同的組別協助黃蝶祭進行。後來我決定念高雄師範大學跨領域藝術研究所，並以黃蝶祭為論文題目，開始把自己定位為活動總策畫。我從2014年參與到2021年，之後因為工作調整，變成後勤、顧問的角色。

Q 認為策畫、策展地方慶典時，最重要的原則是什麼？

鼎堯：我的養成是在社區裡面，不管做任何計畫或行動，首先要思考的是：透過這樣的行動，在地人的角色會是什麼？如何依據人的差異來安排不同的參與機制？比如雜貨店如何作為問路站？

1996 年第二屆黃蝶祭，祭蝶儀式在雙溪河谷，當時以手工製作的大型布旗裝置會場，也可見水泥工程已入侵河道。

空間營造只是表象的成果，所有的成果都是因為有人才有溫度。

書豪：我先把時間拉回2017年的基隆，當時基隆正濱漁港是個漁業沒落的場域，基隆也沒什麼文化藝術工作者回鄉。我們是從自己在乎的議題來展開行動，一開始都不是以慶典作為重心，首先是進行漁業文化保存的工作和社區參與，再用藝術祭的方式呈現給大家看。接著正濱彩色屋的出現，政府開始推動觀光，所以我們將重視的文化內容轉換成地方導覽、發展周邊商品去回應觀光的趨勢，從文化介面進到觀光介面。簡單來說，原則是回應地方課題、發展型態的同時面對初心，再疊加並隨時調整工作內容。

靜慧：我想說的跟書豪滿類似的，黃蝶祭也是為了回應地方困境。2000年之前的反水庫運動是非常激烈的，此後因為水庫暫緩興建，做了幾次轉型，包含朝向環境藝術節的方向發展，或是透過後生創作營，帶大家用寫作、肢體、音樂創作等方式表達對地方的感受，把各界的年輕人重新拉回美濃。但初衷都還是回應祭典的紀念性，以及文化家園和生態的永續。

書豪：我再補充一下。我們以正濱漁港為基地，但視野擴及整個基隆。從在地生活的敏感度出發，把基隆的特殊性透過策展轉譯，讓旅客感受基隆的魅力。2023年我們策畫「999朵玫瑰の愛之船」時，觀察到這幾年很多情侶來此觀光旅遊，也發現過去老一輩會在咖啡館、酒吧等場

「2023永晝海濱美術館－999朵玫瑰の愛之船」以正濱彩色屋周邊場域進行策展。（攝影／涂佳豪）

由藝術家許文淵與在地居民共同完成的裝置作品「共線無限」，以無限「∞」的符號呼應「里山＝永續」的理念，形狀也象徵著蝴蝶翅膀。

地方主體性是由少數人透過敘事凝聚一群人，並透過行動帶動更多人加入。

所約會。我們銜接不同世代的觀點，再拉回到正濱彩色屋周邊場域展示創作者們的作品，串連不同時空故事來連結大家對基隆的認識，更加體驗到屬於這座城市的特色。

Q 認為地方主體性應如何與慶典活動結合？在地者與異地者的策劃者身分有差異嗎？

逸姿：我認為黃蝶祭沒有地方主體性和慶典活動結合的問題。黃蝶祭的基本精神是反水庫運動，是為了凝聚地方共識，也讓外界的人理解反對的原因。我們當時為了保護黃蝶翠谷，把這個儀式叫做黃蝶祭，以黃蝶作為代表山谷裡所有生靈萬物的象徵。前輩選擇用客家傳統伯公祭典的形式做創新，把傳統三獻禮祭文的內容重新撰寫，寫成人類要向大自然道歉，要保護這片森林土地。這個操作把客家人尊敬大自然的土地信仰凸顯出來。

靜慧：我們比較沒有所謂在地者跟異地者的問題。逸姿是屏東客家人，過去有些策展人也並非落籍美濃，我們是走敘事性的認同，就算是在地人，也不一定願意去承擔、理解這樣的事情。

書豪：我很同意靜慧講的敘事性的認同。如果沒有這個核心來凝聚，很難把事情做起來。

鼎堯：我認為所謂地方主體性一開始是由少數人透過敘事凝聚一群人，並透過行動帶動更多人加入。

以土溝農村美術館為例，不是等全村的人都認同農村美術館的概念，才去執行這個計畫，而是我們先講了一個敘事，才慢慢擴散。開展第一年，民眾會問居民「美術館在哪裡？」，居民常講錯，漸漸的跟協會互動後才理解，原來沒有哪棟建築物稱為美術館，而是整個村莊都是美術館。

Q 籌辦過程中，需統合在地者、協力單位、內部團隊的想法，有什麼溝通和合作策略？

鼎堯：一個地方的中介者具備與地方的人、藝術家有緩衝或協調的溝通能力。我人生活在土溝，跟地方的溝通協調不是問題，可是去金瓜石或馬祖策展，就很需要這樣的一個角色。舉辦礦山藝術季的第一年，我請員工提前一個月到金瓜石記住每位長輩的名字，也讓長輩記住他的名字。這是一個從「我」到「我們」的開始。

靜慧：跟在地人建立關係、獲得認可是很重要的，裡面有很多人的味道。

書豪：我們會在地方拜訪的過程中，理解在地人在未來策展上可以扮演的角色。譬如當地巡守隊的副隊長可以協助我們指揮交通，店家成為展示空間。內部團隊的部分，我們在第一、二年藝術節比較是玩社團的概念，帶著熱情把錢燒光。但後面成立公司行號，開始考量哪些活動不收費，哪些要獲利，如何持續舉辦下去。爾後我們也成立協會組織，持續承接屬於社會價值的部分。

上｜2012 年土溝農村美術館開館，以整個村做為美術館。（攝影／洪年宏）

左｜2021 年馬祖國際藝術島，藝術團隊「土偶＋扌日土」以兩組供桌一起參與擺暝慶典。

鼎堯：我們做礦山藝術季的田調時，地方對這樣的活動是有疑慮的，覺得可能像煙火一樣。這變成我們的課題，希望讓藝術季有持續性，並轉身面向生活在這塊土地的人。提取地方建議，甚至讓在地人與藝術家共同創作的理想，到第二年才做到。第一年有邀請書豪來參與藝術小隊，以在地方推動的視野給予礦山藝術季思考及回饋，第二年他以藝術家的身分與里長組隊創作。

書豪：我很感謝鼎堯在前期有先認識當地的里長跟里民，讓當年我在創作和跟地方連結的時候，比較容易掌握到節奏感和敏感度。

靜慧：這題是在問策略。我們常說黃蝶祭有四個精神，一個是有大量的志工。過去曾有政府單位建議把黃蝶祭變成標案，我們就不用那麼辛苦。但萬一有一天我們要反水庫了，這樣的活動該是什麼定位呢？所以我們持續用刻苦的方法在做。第二是交工精神。地方組織有非常多互動、協力的可能，投入各自的資源，讓事情可以做起來。第三是很多的手工，因為沒有太多經費製作輸出物。第四是我們有很多從第一屆做到現在的長工，也就是大家剛剛談的中介者。如果有想推動新的東西，就會請這些人幫忙評估。我們每一年都要花很多時間開籌備會，去談社會形勢、我們處於怎樣的發展階段，再談這一屆的願景。

Q 對於曾舉辦過的活動，如果有再一次的機會，會希望調整或改善哪部分？

鼎堯：我是盡可能生活在地方，掌握地方的生活型態。辦農村美術館我就住在土溝，礦山藝術季的時候我

礦山藝術季「階梯通往之處」作品，以在地溪石承載居民的故事與憧憬，組合為金色階梯。

也在那邊租房子。在馬祖藝術島的時候，因為沒辦法在那邊長時間生活，會造成地方團隊的一些困擾，也會在導覽作品時，沒辦法聊到地方的人以及創作過程的細微故事。在那之後，我對於計畫的投入會有更謹慎的評估。

書豪：我覺得或許大家可以聊一聊，我們會不會過勞？我常反問自己，如果沒有辦這些活動，難道會不一樣嗎？我們今年沒有辦，也是想重新定位，校正人力和經費資源。

思考這個問題的時候，我會想反問自己：真的想做這件事情嗎？如果讓大家好好休息一下，等到真的很想做一件很開心的事情的時候再來辦，對我來說才有意義。

常反問自己，如果沒有辦這些活動，難道會不一樣嗎？

「2019大魚來了－正濱港灣共創插畫節」開幕式邀請中濱里土風舞班演出，讓在地社群一同參與。（攝影／涂佳豪）

靜慧：書豪講得滿真實的，應該可以打動很多人，就是過勞。我有一陣子也會覺得有點夢魘的感覺，你會發現好像整個年度都有活動。後來逸姿進來，提出了威尼斯雙年展，越後妻有大地藝術祭是三年祭。所以我們從2015年黃蝶祭滿20屆後，就用雙年祭的方式展開。大黃蝶是正式的祭典，小黃碟是讓大家累積、休養，舉辦培訓等各種學習性的小活動。

逸姿：這個問題對我來說太難了，做為一個執行、實踐者，每次都有無限想檢討自己的地方。要具體說的話，我最在乎人跟人的互動，這牽涉彼此的性格、我的工作目標、他的參與想法種種。如果再做一次，我會思考怎樣更細緻地跟工作夥伴、地方上不同的團隊互動。

馬祖國際藝術島，藝術團隊「不廢跨村實驗室」的「島塑椅」，以淨灘撿拾海廢，思考島嶼的美麗與哀愁。

Q 個人觀察，舉辦地方慶典的單位有哪些類型，有什麼差異？

書豪：地方慶典的單位類型分為官方和民間，民間再分為法人、基金會等。官方預算相對多，民間可能要找補助、上群眾募資來辦出自己想辦的活動，廟方的資源就是香油錢。官方和民間最大的差異是預算和投入的觀點。地方團隊或組織肯定會在意在地人、地方的文化性等，比較是緩緩地想累積很好的東西。官方可能大比例想做行銷，炒熱地方經濟，增加人流量。

鼎堯：官方的活動常被說是煙火。活動獲得很大的迴響，那問題來了，接下來幾年會需要更多的經費挹注，或更大的煙火釋放。但民間不太一樣，思考的是如何透過互動陪伴去連結關係、逐漸累積，是慢慢從一個人到一群人的過程。我覺得兩者最大的差異在於貼入地方的尺度。官方在很短一年或半年之內要舉辦一個活動，觀察地方是從高尺度慢慢往下看，很難看到很細節的事。尺度不同，長出來的東西會完全不一樣。

逸姿：那台南的「麻豆大地藝術季」也在我們討論的範疇嗎？麻豆大地藝術季是三年展，是官方的案子，經費規模其實滿龐大的。龔卓軍老師是藝術大學教授，也是專業策展人，擁有強大的策展團隊，也有能量開設地方工作站。我想問你們怎麼看像這樣子的藝術季？

鼎堯：前提還是得要有政府支持，願意讓策展團隊花兩年的時間在地方陪伴、蒐集田野，到三年的時候舉辦活動，這件事才會有機會。如果不從官方與民間來分的話，我覺得最大的差異還是回到觀看地方的尺度這件事。麻豆大地藝術季是很好的案例，這樣的案例應該被更多的官方看見。

雖然活動很小，但重新生產了一些事情，像是空間、關係、文化的再產生。

Q如何看待地方慶典的延續性，有提出相因應的做法或活動嗎？

鼎堯：我覺得重要的是一開始靜慧聊到的「敘事認同」，如何在活動過程中創造敘事結構，讓大家願意相信這個故事並且走下去。以礦山藝術季為例，認同的對象除了居民，還有黃金博物館。第一年的藝術季是村裡共同的慶典，第二屆時劃分成三個結構：人跟人的尺度、人跟聚落，到人跟礦業遺址。一部分是希望藝術季每一年都可以面向居民，跟藝術家一起做一些事情，另一部分考量到黃金博物館每年有常態經費可以辦小旅行等活動。依循這樣的架構跟脈絡下來，黃金博物館不管有多少經費，礦山藝術季都可以持續推動。

靜慧：我們常問自己，我們在黃蝶祭裡想解決、創造什麼？我們曾觀察到地方的孩子是父母接送上下課，下了課就去補習班，在社區的移動很單調，不太容易累積對社區的情感。所以我們在美濃溪的上、中、下游各找一間學校合作，推出湧泉探險隊、伯公巡禮等活動。以合作的美濃國小為例，原本是不太和社區互動的，後來把圍牆打開了，設了湧泉通學步道和水資源教室，在溪畔邀請耆老講故事，也弄了竹筏在溪上漂流。具體的改變是校園空間，無形的改變是孩子會和父母分享，一起重新認識地方。

雖然活動很小，但重新生產了一些事情，像是空間、關係、文化的再產生，我覺得滿重要的。不是最後只剩一張官方的宣傳照，但沒有產生什麼實質的事情。我們做的事情都是長

2021年第23屆黃蝶祭，在疫情下轉化形式、如期舉辦。當時舉辦線上創作營，營隊最後三天把活動拉到美濃現場展演。

久的，像我們也擔心以後會沒有人幫忙演奏黃蝶祭的音樂，所以今年花時間培養新的嗩吶手，也在美濃國中的客家八音社成立18年的基礎上做陪伴、交流計畫，來因應八音師傅凋零，許多生命禮俗、節慶活動都需要八音團的文化復振需求。

書豪：我自己覺得傳統廟宇祭典還滿長久的，在不同年代和世代持續轉動，這件事滿有意思的。我比較傾向靜慧講的，重要的是有沒有辦法讓大家在過程中獲得什麼、被什麼感動，慶典活動就自然而然可以被延續下去。

Q 對於近年來地方慶典蓬勃的看法是什麼？有從喜歡的活動中獲得養分和警惕嗎？

書豪：這幾年因為日本藝術祭帶動熱潮，好像整個台灣都充滿藝術祭了。有點像是早年的蛋塔事件，發現這件事情好用就趕快拿來用。我覺得不要只看重人流、經濟產值，我比較珍惜的反而是去看能不能帶動社會關心什麼事。

靜慧：書豪講得很好。地方慶典活動蓬勃的影響，大概就是有非常多活動可以參加吧。我比較在意的是活動的根源，以及最後能不能定根，為地方的歷史或未來創造什麼。

我有在觀察從義大利慢食運動發展出來的「台東慢食節」。每年會訂個主題，舉辦前也會有很多的活動來回應這個主題。他們也發現辦完活動有非常多的垃圾產生，開始推自然食器，也變成教案在全台推廣，真的回應了慢食運動背後的關注。我也想起我和逸姿在挪威參加的原住民族文化節（RIDDU Riđđu Festival），當地的志工會提供住所給藝術家，或開

比較在意的是活動根源，以及最後能不能定根，為地方的歷史或未來創造什麼。

2019 年藝術工作坊，星濱山團隊邀請插畫家夏仙，到和平島與居民共創。

車接送等等，他們認同這樣的活動，共同參與。我覺得要衡量一個地方慶典活動辦得好不好，除了籌辦的人很重要外，還有參與的人到底怎麼看待這件事。如果是外地的人來辦，又只是一次性的活動，可能就不太在乎在地人的評論。但也許不是內、外的問題，是價值認定的問題。

鼎堯：兩年前我去聽林舜龍老師的演講，他的說法很有智慧。他說地上有很多植物幼苗，你不會知道最後哪一株會成為大樹，如果當成雜草除掉了，我們就失去看到大樹的機會。意思是說更開闊地去看待這些事情，同時也思考延續的可能性。以「今秋藝術節」來說，重要的工作是在藝術活動結束後，夥伴間有更多的聯繫合作，蓄積能量來支持下一屆活動。

逸姿：我覺得現在每個人都有話語權，做自己好像變得越來越理所當然。不見得要去服從傳統，而是選擇想要的生活、創造喜歡的事情，比方創造出新的慶典。這可能要回到誰的持續性比較久，而不是很漂亮地開了花，然後就枯萎了。

那也因為現在人人都是自媒體，如果很會掌握發聲工具和語言，也許實際只做五分，但可以表現自己做了十分。現在是圖像的時代，有時候好像找到厲害的設計師，就已經先贏了一半以上。警惕的就是花俏的方法很多，但還是要回到做人的基本，用誠懇的真心面對初心。

Q 請用一句話，說明有未來性的地方慶典，應該具備哪些條件？

鼎堯：還是地方性吧。很多人會來問我，我做的事情是不是可以複製，我都會回答不可複製。人的複雜性和地方特色都是創造地方獨特性的機會。

靜慧：我覺得應該具備的條件是會像一棵樹。如果被照顧得好，根會扎得很深，樹冠層也會長得茁壯。

逸姿：我自己覺得是有機，接近靜慧的描述。因為有機所以勢必有根扎在土裡，會順應不同的環境條件自然生長，沒有標準的模樣。

書豪：我覺得「有靈魂」還滿重要的。我同意鼎堯提到地方的獨特性，很多地方工作者滿知道用哪些東西可以組合出有趣的事情，但如果沒有靈魂，就會很可惜。

002

Special Feature

特別企畫

1 日本參訪筆記

2 人間風景

地方創生，創的是在地生活的幸福感

1 日本參訪筆記

文字、圖片提供——李怡志

台灣和離島投入地方創生多年，包含政府、地方團體、大學和社區青年，都摸索著如何面對「人口減少」和「城鄉發展失衡」的各種挑戰。日本的環境、社會和台灣雖不全然相同，但因為較早面對少子化和社區老化問題，例如偏鄉地方政府稅收減少，公共服務下降，難以吸引年輕人，造成社區發展的惡性循環和現象，更反映出「為了刺激經濟、獲得生活，必須努力工作賺錢、進行消費活動」這種經濟發展模式的侷限。

2024年初，我隨著國家發展委員會的日本關西地方創生參訪的腳步，從幾個案例筆記側寫，歸納出「社區交往」、「地方工藝」、「學校與政府協力」三種類型，提供一些創生摘要的視角。

TYPE 1 一起與社區交往

日本城鄉「M型化」？由於大型都會區「磁吸效應」的拉力，造成小型鄉鎮人口老化和外移的推力。都市近郊的「外圍城鎮」變成「市中心工作者」的「臥城（Commuter town）」，白天大量通勤人口向「都會區」集中，晚上只剩「臥室」留宿功能，人際關係因而疏離，地方認同感不足，嚴重者是社區互助系統的崩解。因此光是透過「地域振興協力

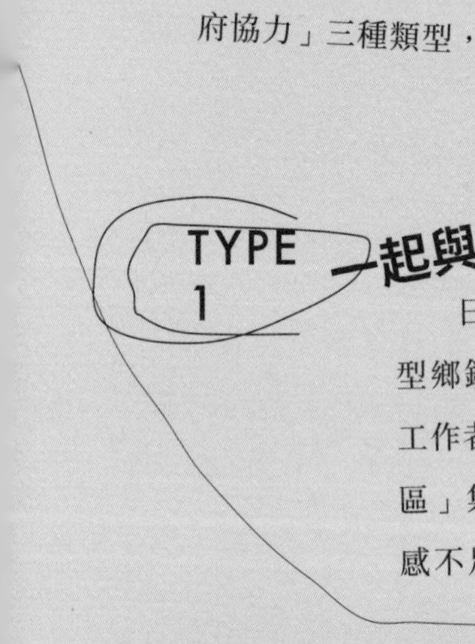

KIITO中心樓層介紹，推動與市民、企業攜手合作，以設計改善生活、以創意解決問題。包含與MUJI+合作的計畫，提出都市規劃、環境、食物、福利和防災的研發。

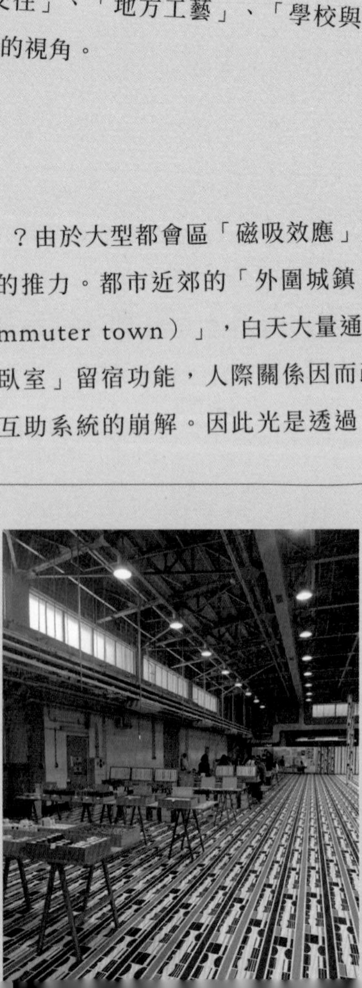

日本神戶設計創意中心（DESIGN AND CREATIVE CENTER KOBE，別稱「KIITO」）早期為生絲線出口檢查場。2008年神戶市購入，2012年活化為市民空間，除了保留舊廠房設備，部分構建改造為空間設施，圖為紙膠帶展覽。

隊」、引入外部人口的「移居」政策，或「故鄉納稅」等方案，並不一定有效解決城鄉失衡的問題，而是必須重回「在地生活幸福感」的本質，以及組織社會網絡支持系統的決心，才能有效提升社區活力，打造宜居的韌性城市。

因此，以山崎亮為代表的「社區設計」方法，透過共同討論社區規劃，鼓勵參與者提出解決方案，創造人與人的新關係和依存模式，其他如奈良的「魔法糖果屋」和神戶的「鹽屋社區」，都有同樣的精神。

社區設計，找回街坊的功能和關係

創辦「studio-L」團隊的山崎亮，是曾說過「我們要一個『一百萬人來一次的島』，還是『一萬人來一百次的島？』」的作者。他帶著團隊執行大阪「茨木市市民會館」，嘗試融合公有空間運用、建築規劃，為使用者提供複合性的場所。這棟伊東豊雄設計的建築，外觀類似高雄市立圖書館總館，未來內部將有垂直的天井梯，結合育兒支持、市民中心、圖書室、交誼廳和劇院等機能，studio-L 在整備期間也辦理實驗性的計畫，邀請市民討論會館的未來想像、模擬使用活動，並藉由各樓層分組討論，讓不同業務能彼此合作，串連不同樓層的各項服務設施和空間配置，強化市民利用的便民性，營造出場所活力，發揮良好的功效與氣氛。

另外，像是以漫畫為主題的「東京市川市兒童未來中心（子ども未来センター ）」結合館藏漫畫內容，企劃與少年有關的生活教育和體驗，開放社區參與，消弭家長擔心漫畫所帶來的負面影響。或是受高齡化社會的「石川縣野野市」委託，山崎亮團隊募集「社區報導者」，

KIITO 提供市民育兒、圖書、展售場、會議室和防災教育中心，另有新創公司、小型咖啡館進駐，也作為戲劇拍片場地。

藉由工作坊讓居民學習攝影、文案撰寫及美編設計，甚至企劃採編和提案。他們以高齡社區為主題，創造新的服務提案，也促使人們認識自己生活的社區、認識左鄰右舍的存在，增加彼此的理解和信任。

山崎亮說：「多數市民參與活動不外乎是希望自己居住的社區，是個能創造『愉快、健康、豐富生活和魅力』的城市」，如此自然就會吸引年輕人移居。

讓每個人都成為孩子的魔法師

同樣是創造人與地區連結，產生情感交流的案例，是極具知名度的魔法糖果屋「チロル堂」（Tyrol）。創辦人吉田田タカシ是講師、樂團主唱，也是兒童教育者。他在奈良縣生駒市打造一個復古、具有「昭和風的柑仔店」，透過一台特製的扭蛋機，讓孩童能以一百円換取最高三百円的代幣，用來換購店裡的各式玩具、小包裝糖果和餅乾，體驗他口中「單純的快樂與美好」。

糖果屋的後方是咖啡屋，也販售小朋友午餐，有別於一般的「兒童食堂（子ども食堂）」僅提供貧困孩童的「待用餐」，魔法糖果屋的「兒童咖哩飯」用代幣換購，讓消費的兒童不會因為害怕「貼標籤」而卻步，也消弭歧視。最特別的是，晚上糖果屋會搖身一變成為「大人的居酒屋」，讓社區的年輕父母聚會、交流，產生情感連結。吉田田從中發展一套社會經濟模式，透過複合性店鋪的收益和捐款，無形中成為糖果屋的代幣基金。他不願讓生駒市只能作為「臥城」，更不希望營造城鎮的責任僅僅在政府，而是透過眾人參與：讓孩子，成為社區每個大人的責任，也讓社區，成為每個居民的歸屬。

有「茶筅故鄉」的生駒市，以盛產竹料所製的「チロル札」代幣。

塩屋町居民自主布置社區溪溝的五月鯉魚旗。

隱身在生駒車站旁住宅區內的チロル堂。

創造活力的社區創意中心

另一個有趣的例子，是神戶市垂水區的「鹽屋古根漢故居（旧グッゲンハイム邸）」。有別於神戶北野町異人館是充滿異國情調的旅遊勝地，鹽屋是個濱海的小社區，有幾戶依山而建的洋房、傳統店鋪，還有青年改造的複合商店，包含了印刷廠、設計公司、古本店「舫書店」、台灣選物「習習」和茶屋「Ryu Café」，像是一個自己形成的藝文聚落，這之中的推手之一是在當地經營「古根漢故居」的管理人，森本アリ先生。

2007年，森本家族購入老屋後修復，アリ先生成為管理者，除了活化老屋空間、也舉辦派對和社區聚會，他透過老照片募集、攝影展，出版「百人拍百景」、「古根漢故居」、「塩屋借景」等多本攝影集和社區報，也發揚山城小徑的庶民美學，像是收集居民「花式停車技術」的寫真，或是挖掘豆腐店「田仲先生」的常民美學，從他的手作告示牌、候車站布置到街區巷弄的裝飾，儼然成為社區的名人藝術家。アリ先生曾在社區舉辦「行走的音樂會」，在山城徒步導覽的路線中，安排各種街角的音樂演奏、專業演唱和素人才藝表演，吸引許多居民和遊客參加，獲得巨大的成功和關注，參加者也從中感受到社區的舒適性和街道的安全性，因而帶動移居人口，使得「古根漢故居」成為維繫鹽屋活力和創意美學的社區文化中心。

這些案例呈現了「社區設計」的重點，就像山崎亮所說的培力「居民」成為「公民」，成為社區活動的領導人和執行者，而不只是單純的參與者而已。如同1950～1960年代西方興起的「社區建築」、「社區設計」，為了解決現代主義強調功能性的「房子」，重新找回「人和場所」的精神，也和後來日本到台灣的「社區營造」，從培力到共同創造自我的生存環境，找回人們生活的介面，發展公民意識和社群精神，創造「宜居」和「利他」的本質。當然，他們也在社區裡找到既可生存、又可提供創新服務的事業。

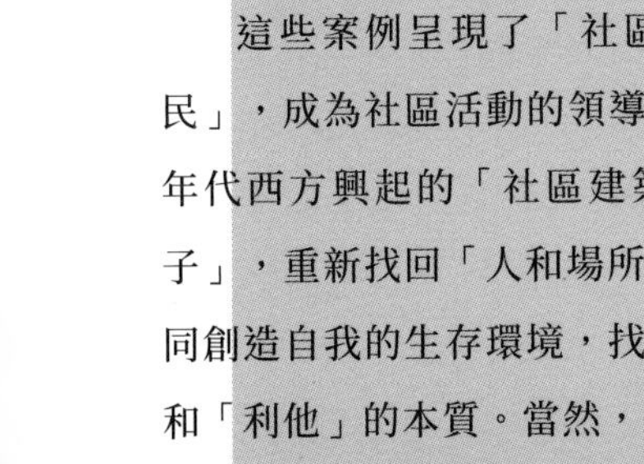

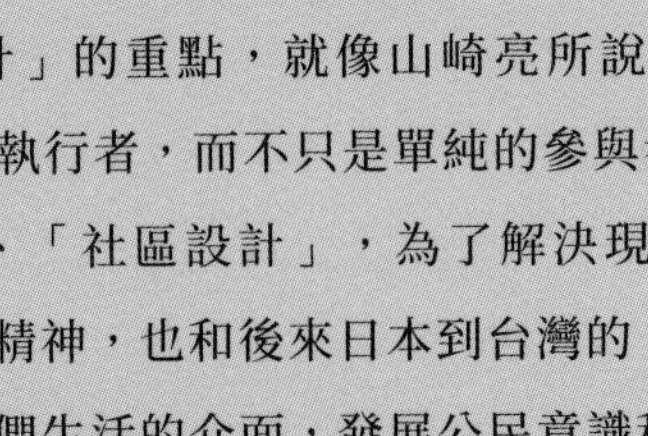

左｜塩屋「海角」複合式空間，進駐古本「舫書店」、台灣選物「習習」和茶屋「Ryu Cafe」等五間商店。

上｜塩屋古根漢故居與森本アリ先生出版社區刊物。

TYPE 2 為地方工藝和產業，創造生存機會

一種是以社群經營、公民社會營造的創生案例，另一種則是將目光放在社區的產業振興。通過「地方DNA」的挖掘和產業鏈的系統建立，跳脫單純生產，開發新的商業模式與通路，縫合傳統工藝與需求端的落差，延續地方工藝生命和活力，藉此打造街區經濟。

振興日本工藝產業的活力

以奈良鹿為商標的「中川政七商店」，擁有超過三百年的創店歷史，是日本生活雜貨的代表品牌，在台灣也擁有超高人氣。從1716年起販售奈良織品開始，度過銷售下滑的生存危機，發展成生活百貨店，如今再成為「推動日本傳統工藝重燃元氣」的推手，至今已有多個品牌，共63家店。中川政七商店以成功案例結合觀光，帶動地方工藝的消費提升，讓人們看見傳統產業和職人背後的價值。

2008年起，「中川政七商店」也開始擔任地方商品的企劃顧問，提供品牌諮詢輔導，如長崎縣波佐見燒（Hasami）陶瓷馬克杯，除了協助品牌重新定位、翻新產品設計，切合市場需求，最重要的是，培力傳統產業的經營者能提升預算、決算的財務能力，並制定年度計畫，求穩建永續發展，其他還有「堀內果實園」或是「薰玉堂線香」都是如此。「中川政七商店」關注健全的供應商和生態鏈，創造更高更穩定的收益，2021年再跨足城鎮輔導，成立「N.PARK.PROJECT」中心，規劃共享工作室、講座和教室，成為小鎮裡創造活絡產業、商業活動的培力站。

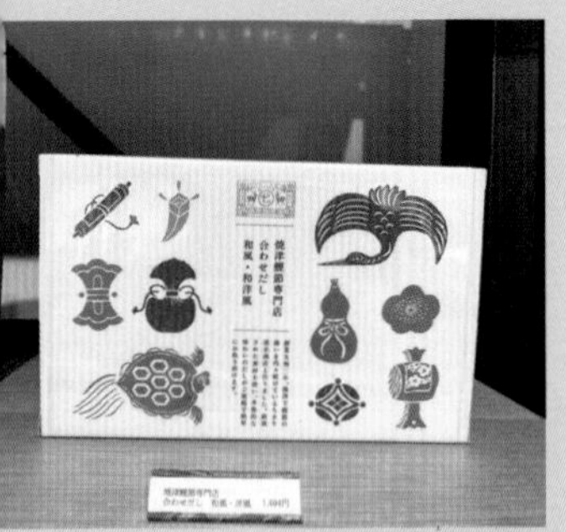

「中川政七商店」與靜岡焼津市鰹節老店合作的新品牌商品。

「中川政七商店」奈良本店展售與不同產地窯廠合作的器皿。

與這個國家的工藝同在！

產業振興的另一個案例是「TRUNK DESIGN」設計公司，發起「與這個國家的工藝同在！」目標。他們最成功的企劃莫過於2009年與「神戶火柴公司」合作的商品，推出復古又時尚的火柴包裝組，定價一組5盒600日圓，遠高於傳統火柴盒七倍售價，但因為創造了話題，且貼合市場喜好和收藏效益，銷量翻倍成長。2015年，「TRUNK DESIGN」再將傳統線香和火柴結合，革新味道，加上即點即用，最終以親巧、便利、時尚和實用特質，成功打進年輕人市場，叫好又叫座，繳出了一年數億日圓的產值和海外市場，讓兩間老店的工藝得以維持下去。

「TRUNK DESIGN」創辦人堀內康廣，也在神戶鹽屋經營微型印刷廠「PROTO」，販售工藝產品的「打樣」，像是「森の器」的木器，或是陶瓷等等。現在他更專注於地方產業企劃、品牌塑造和銷售通路，秉持著「讓日本的製造產業能存活到未來」的使命，「TRUNK DESIGN」跨足到咖啡廳、餐廳，開拓海外市場，這幾年也聘用台籍職員，經營台灣市場，更因此與行人出版社合作及黃媽慶木雕、台中漆藝等台灣職人工藝新生的計畫。

在台灣，以工藝結合創生的案例，也有幾年前台灣設計研究院和「中川政七商店」輔導的鶯歌陶業，或台東縣政府的鹿野紅烏龍，都是從商品轉型、服務體驗到產業街區的營造，或是彰化「二拾家居」利用地方素材設計傢俱、基隆「星濱山」漁網編織燈具、花蓮「都蘭國」原住民傳統樹皮工藝，和旗山香蕉紙、汁染，各自結合教育文化、產業空間、地方慶典來營造街區的創生案例。

TRUNK DESIGN 專案經理小川寬介紹與日本工藝合作的設計和過程。

TYPE 3 學校與政府協力，組織社區系統

從個人、組織投入街區營造、社區設計，到中小企業和政府合作的產業振興，另一種創生型態，則是由大學扮演地方創生協力的角色。以日本文部科學省（如台灣教育部）2013年的「社區中心計畫（Center of Community Project，COC）」為例，補助大學運用專業知識和實作，投入地方創生工作，2015 年計畫升級為「COC+」，進一步著重培力創生人才。

有機會建立共好機制的火車頭

2019 年我曾與中山大學赴日本岡山縣立大學（簡稱岡縣大）交流，岡縣大不同於研究型的「國立岡山大學」，資源也不若國立大學豐富，因此，岡縣大藉由地區型大學的定位和COC計畫補助，朝地方議題和人才育成的面向改革，也與地方夥伴向「域學連攜」、「產學連攜」的合作關係發展，致力於共同發現社區問題、解決社區問題，投入地方產業振興、增加在地就業為任務，推動「地域創生推進士」的副學程與證照。 2020年「COC+R」計畫進一步要求大學將課程系統化，與台灣教育部推動的「USR大學社會責任計畫」有一些異同之處。

不過，不是每間大學都參與COC，像是這次參訪京都亀岡市的KIRIBUE團隊，近年以「霧的藝術祭」聞名，幕後推手便是私立「京都藝術大學」的師生在社區的經營。KIRIBUE不只將視覺藝術帶到社區、舉辦展演活動，和地方政府合作，營造街區美學，更結合農業、傳統文化、教育和社會福利、環境等議題，為小鎮的活化和創生帶來新的刺激和可能性。而團隊也結合當地農家製品，開發食品和料理，經營社區咖啡館，或是以廢棄飛行傘改造布包的創業

KIRIBUE 開設的 KIRI CAFE，供應在地餐食，也是「霧的藝術祭」重要據點。

KIRI CAFE 是農村居民和遊客的交流中心。圖為擺滿木器、竹器的一隅。

計畫，都成功吸引遊客，創造地方收入和經濟發展。同時也透過市民參與社區活動、議題討論、講座工作坊和出版品，強化了社區凝聚力和認同，而受到瑞士跨國公司的挹注，進而成立「日本兒童藝術村」。

KIRIBUE團隊與中山大學「技工舍｜旗津社會開創基地」有些相似，從大學資源進入社區培力青年，再由社區青年活化閒置的空間，打造社區職人共享的學習場域，建構出「大港校CC，在地技藝與知識的交流中心」，大學成為「社區中心」的角色，培力創生人才，鏈結利害關係人，組織社區支系統和「生態」圈，建立青年培力站共好機制的實踐和實驗。

透過這三種類型的創生型態，表現出日本地方創生非常重視「新型態的商業邏輯與經濟模型」（不只是商業模式），反省「資本主義社會」發展的限制，因此嘗試跳脫M型化、週期性、資本壟斷，以及線性經濟、發展主義所帶來的過度消費和污染，更強調知識的價值與共享的社會責任，像是studio-L山崎亮、Area Innovation Alliance（AIA）木下齊、Next Commons Lab（NCL）林篤志等人皆是。這之中有異有同，試著結合不同觀點的思考，也許才能更深入反思地方創生的本質，發展和調整出適切有創意的方案，成為地區活化的推進器。

1 日本參訪筆記

PROFILE

李怡志

國發會青培站大港校 CC 計畫主持人／小隊長，在高雄港的老城區長大，留在海邊工作，關注城鄉發展、公民參與對話，成立「山津塢」品牌，持續與夥伴保存台灣大漁旗文化與技藝。

上｜17 世紀以來，龜岡盆地就是京都蔬菜（京野菜）的主要產地。因此，又被稱為「京都的廚房」。

右｜「HOZUBAG」將舊滑翔傘布改造成時尚提袋的工作室。由亀岡市、KIRIBUE 和 THEATRE PRODUCTS 單位合作，振興社區就業與環境永續。

韌性的香港人，接力新型社區空間

文字——林倩如
圖片提供——林倩如、明愛荃灣社區中心、香港婦女勞工協會、One Bite Social

2019年之後，香港政權高壓管控底下，公民社會的行動空間益發緊縮。離港留港間動盪，趁著公差機會，靠近問候一聲久違且想念的香港，然見社區運動依舊有光。

支援接地氣，社區客廳千變萬化

香港的「劏房」（sub-divided unit，SDU）[*1]乃貧窮居住中最難以解決之嚴峻議題，據2021年人口普查結果指出，約有11萬戶、21.5萬人住在劏房，居住空間人均面積甚至三坪不到。因空間狹窄、缺乏隔間，導致隱私、安全、衛生、教育、生活品質低落等諸多問題，租客身心健康均飽受負面影響。早於港府2023年底推出「社區客廳試行計劃」[*2]之前，已有NGO運作類似場所，嘗試去接住劏房戶居家機能不全的匱乏，6月正式開幕的明愛荃灣社區中心「明愛荃灣廳堂」亦是其中一個Hub。

荃灣是新界首個新市鎮，也是區內劏房最密集處，約有6,600戶、超過1.5萬人。成立於1962年的明愛荃灣社區中心深耕服務不適切住所[*3]居民30餘年，經兩年家訪，聽到了「好希望讓孩子有個舒適學習環境」、「全家人一起吃飯」、「學習更多技能」的心聲，2020年團隊一起構思出「延展生活空間」的概念。幸運獲得兩個基金分別支持營運及修繕經費，2022年覓得荃灣街市前政府員工宿舍四樓作為基地，以象徵性港幣一元租金租期五年，翌年啟動場地使用。廳堂百坪寬敞，採會員制（約450名），設有社區廚房、洗衣房、飯廳、客廳、學習室、工具圖書館、運動器材等實際生活支援，似是家的延伸，卻遠不止於此。

每天約60～70人次使用，節日時近百人熱鬧。洗衣同時話家常，廚房傳來飯香，琳瑯滿目的活動促進自主賦權，社工守護在旁，讓好事發生，使用者也須分擔協助維護環境，從中形塑社區互助關係。

上｜女工協會走入社區，串連基層勞動議題。

中｜女工協會的社區客廳1.0，邀請街坊鄰居一起打造。

下｜明愛荃灣的廳堂空間大，方便各種彈性利用。

而成立於1989年的香港婦女勞工協會（簡稱女工協會），長年致力為婦女和勞動者爭取生活尊嚴與權益，位於荃灣二陂坊的新據點「社區客廳」（原名社區生活工作室），2019年即簡樸進駐。初始機緣是工作室二樓本來也是劏房、還曾經歷火災，友善業主整頓之餘想回饋鄰里，近乎零房租地託付給協會經營，2024年因獲慈善基金贊助才得以佈新裝潢。一樓細小入口，二樓則雙戶連通，有機設計包括喘息空間、洗衣房、多功能活動室、茶水間、哺乳室、心聲互動室等交錯互動介面，調性溫馨柔和，款待人們待下。推動工作強調培力，舉凡辦展覽、工作坊、創作歌曲等等，偶爾推著迷你行動宣傳車上街去。不過，他們定位自己不單作為社區客廳，而是社區改革組織，認為社區客廳之間應該彼此建立聯繫，從社會運動的角度，一起找到並解決問題。

註 1.「劏」為粵語用詞，意即「剖開」。劏房是香港出租房的一種，業主或二房東將一個樓宇單位分間成不少於兩個的獨立房間出租或出售，房客往往須共用廚房、衛浴，常見於舊唐樓或工廠大廈。

註 2. 香港政府社會福利署於 2023 年 12 月推出「社區客廳試行計劃」，藉由提供多項生活空間設施和社區支援服務以扶助劏房戶的生活需求，從而紓緩其長時間輪候公屋及居住於惡劣環境而面對的困難。現有四間社區客廳，分別位於深水埗、紅磡、南昌、土瓜灣。

註 3. 據聯合國《經濟、社會與文化權利的國際公約》，適切居所（adequate housing）必須符合七大條件，即：居所穩定性、基本設施提供、可負擔性、居所適切性、無障礙、地點、文化處境。

女工協會今年滿35周年，業務多元：二個中心（另一處在觀塘）、三個工會、協作多個合作社，仍活力不減地外展到不同地方投入當地議題，組織零工／低收的勞工團結起來，令不同身分的人可以走在一起。像在二陂坊，便有資源回收、零售業、維修業、少數族群、照顧者等議題，發動小組起手式。

繁華喧囂裡，共創社區共享空間

以前曾特意來尋百年三級歷史建築「有記合」，為了一睹少數僅存、戰前第二代唐樓的姿態，建築風格中西合璧具新古典主義特色，佇立迄今。此刻變身「壹合2.0」，在熱鬧上環地標皇后大道西一號能誕生如此大方提供社區交往的節點，考察其來龍去脈，嘖嘆神奇。

該棟直角轉角唐樓樓高四層，約於1920年代前後建成，最後經營的商家——有記合臘味家則結業於1980年代。時光輾轉，2016年何姓業主第一反應「好靚」毫不猶豫購入整幢產權後，難得竟選擇不清拆重建，反將之修復翻新，嘩地由書法家區建公提筆落下剛毅有力的北魏體廣告字，外牆上的金豬、臘味、店家字號，石柱上的招牌文案，才又露顯重見天日。業主更因此成立香港首個文物古蹟信託基金「活在山下」[*4]，有記合便是其第一個營運項目。

另一邊裡應外合的夥伴「一口舍群」（One Bite Social），則是由建築師為主，2014年創立一口設計工作室、再於2022年延伸社區項目平台，旨於倡議社區主導、以人為本的城市空間設計和運用，以及社區可持續發展。One Bite Social曾在2017年發起「壹屋」計劃，邀請有心業主短期借出閒置空間，簡單改造「吉舖」[*5]成為可供社區用途之臨時空間。

疫情後兩方照面，業主因認同壹屋理念而免費出借地舖，2023年夏天，先是碰撞出為期七個星期的「壹合」計劃（Project House）大受歡迎，超過30組社區機構聯手豐富過百場活動，上千位街坊踴躍參與。又經半年試辦、重整營運模式，2024年8月「壹合2.0」開張，One Bite Social搭檔明愛堅道社區

中心，將陪伴街坊兩年以上，在流動忙碌街道、社會壓力情境下，配對社區資源規劃固定服務與多元創意活動，期打造一個聚腳點，讓大家能夠安心歇息、自在共享空間，且共同重新想像第三場所的可能性。在這兒，早上車衣隊、傍晚小朋友課輔出沒，不時有黑膠唱片點歌流竄、以物易物或技能分享，喝口水上個網，志工招呼進來看看喔，業主的一點天真，成全了暖意明亮的人間風景。

註 4. 活在山下基金，由有記合業主聯同資深建築師、前虎豹音樂基金執行董事胡燦森等人創辦，旨於保育（私有產權）歷史建築，並將其轉變為服務當地社區的空間。現以優惠租金全力支持「壹合 2.0」營運社區共享空間。

註 5. 粵語的「兇」和「空」同音，為討吉利，故將之轉換成吉字，吉舖即空舖或空樓之意。

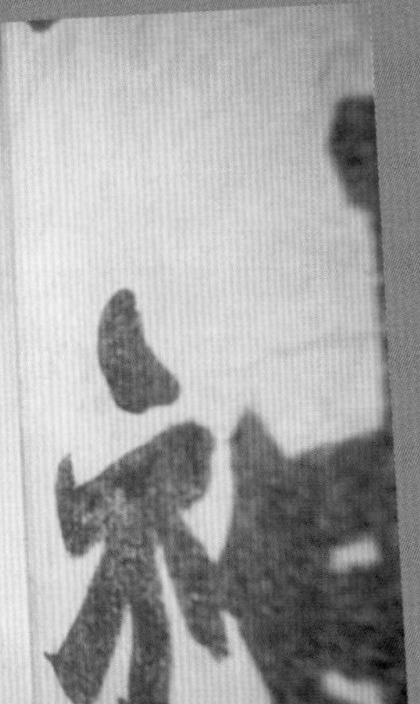

上｜音樂是製造對話、流動情誼的祕密武器。

中｜架上陳列地方活動訊息或布置小型選物。

下｜壹合通透的門面，吸引街坊前來閒逛。

一期一會，後會有期

三個地方風格殊異，有的做服務，有的推組織工作，有的創社區交往，共通點都在打開／營造一個空間，讓人共聚相遇，且都是其第一個社區空間運營實務。開門即成本，在還沒有資源時已進場、醞釀，人力也多為吃緊，三個團體實屬不易。未來面對更多挑戰，比如新來港人士的劏房問題、舊社區都更、生活的保育等等，新型社區空間的存續，值得觀察。第三場所[*6] 獨特的非正式公共生活能帶來社交、便利、樂趣、平等、對話、共融、歸屬感等益處，最重要的是人與人之間的連結，我們都很需要。

註 6.1982 年美國社會學家雷•奧爾登堡（Ray Oldenburg）從城市及社會研究角度，提出「第三空間」（the third place）的概念，指在第一空間居住、第二空間工作之外的非正式聚集場所。

右｜留白空間，開放使用者自組主題活動。

左｜壹合位於文化氣息濃厚的上環街區。

PROFILE

林倩如

喜愛大自然而緩慢學習的人類，不討厭人類但傾向歪斜的中年女子，關注環境、居住、空間、勞動、藝文等議題，還是想寫字、移動，深邃回應這個世界。正在尋找實踐合作（共居）的路上。

2 人間風景

003

graphy

—— 1 大觀社區 B-side

攝影

phot

大觀社區 B-side

在社區我總是帶著手機跟相機。

用手機備忘錄打訪談、打笑話、打任何在社區的發生。

2017.11.6「戚叔戒菸第二天就破戒了，還得意買了四包沒漲價的菸。」

2018.3.19「我要素香之後來我的大學畢業典禮，她說她到時候就死翹翹了」，

那時候我煩惱自己即將延畢。

我有一台現場監督，好像隨時隨地都掛在脖子上。我只會用傻瓜相機。

底片價格還沒飛漲，但也是且拍且珍惜。唯有在這裡浪擲。

唐佐欣

原台南縣人，1996 年生的金牛座。台大社會系畢業，社區運動中開始拿起相機，關注個人在社會中的角力。喜歡有的沒的，愛用隨身機和搞笑濾鏡。獨立出版《夾縫中抵抗：大觀社區影像手記》

我不是學生跑來做研究，不叫它做田野。那怎麼命名它？沒薪水大概不能算是工作的地方，「我的第二個家」又很多情。只是多年後我還是會差點在浮洲站下車。

它原本的名字只是大觀路二段，抗爭後得開臉書粉專才趕緊叫「大觀社區」。

有了新的命名新的理解，從此居民說「逐家好，阮是大觀社區的居民……」

我擁有的生活就在這個小小的社區。

即使現在，憑著記憶我仍能指出哪家哪戶在巷弄裡的位置，告訴你居民家裡面的陳設。

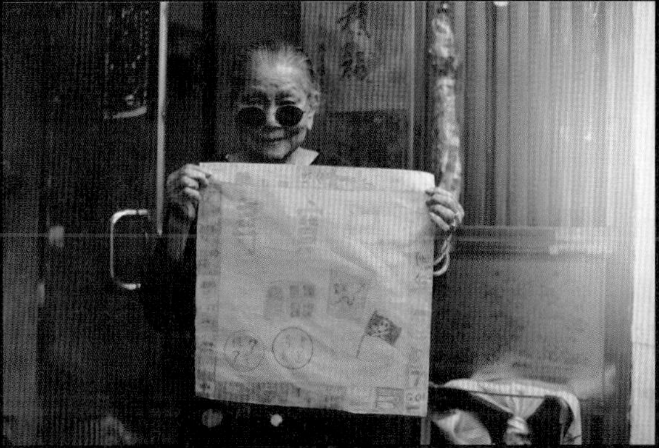

愛之恨之，才拍了無數捲底片。

已不存在的景像被底片與硬碟封存，七年過去，知道了有總比沒有好。

底片都是早期拍的，後來太貴了。

前陣子獨立出版社區的影像手記，算是運動末尾被交付的任務，所以盡量有頭有尾、方方面面。這些照片算是影像手記之外，屬於我的大觀社區。

明星環保綠建材
刷出健康好未來
新美華造漆廠股份有限公司
30
星期四

004

place

觀察 & 交往

文字——施佩吟．圖片提供——社區交往、李政道、西尾半島

一碗魩仔魚丼飯的感動

疫情前一年，我開始對看不見改變可能的事務感到疲乏，好像老天安排好，經手的業務出現許多國際交流的工作，先是跟著一群馬祖青年前往日本交流，在東京芝浦之家（Shibaura House）有幸見到離島朝聖之地海士町的町長大江和彥，去了開在東京的離島廚房吃魩仔魚丼飯；而後又拜訪了法國馬賽、南特及巴黎以行動創造空間的第一線工作者。回到台灣，等著我的是一個需要擁有強大移行能力和身體感的艱鉅挑戰。

2020年我來到馬祖當起「西尾半島」的客座主廚，以前電腦手機訊息不離身的工作型態，轉換為在地方的工作者，將碗盤洗好、擦乾、呈盤、收盤再洗盤，工作節奏以洗盤子的數量為基準。這種日復一日的常態工作，令我以最快的速度重新置換腦袋與身體的關係，沒辦法有太多的空想，轉換為一切以身體的機能為基礎的地方服務工作。

施佩吟

啟蒙於災後社區總體營造，畢業於台大建築與城鄉研究所，追求在地創新的行動者。專注在行動中發展可以與人們共同解決問題的未來之路。2020 年起，持續往返離島和本島，嘗試發展另一種地域實踐方式。

在開始穿梭台北—馬祖之前，以為是出差到異地工作的意思，只是彼時並不知，這樣高頻率的移行任務卻將我對時間與空間的認識，徹頭徹尾的翻過來，此後的世界觀是顛倒過來看的。

沒有時間感的地方

在馬祖，因為缺乏足夠的勞動力，所有人幾乎都有副業／兼職／多重角色，可以說是斜槓者的聚居地。在這裡不需要太多社交或寒暄，因為島太小，往往時常可遇見，一天遇上好幾次可能連打招呼都不需要。久而久之，島上居民對人的熱情很內斂，表面上看起來愛理不理，實際上地方往往有它獨特的時間頻道。

在我前往西尾的路途上，時常能在對向車道看見池大哥的車，往往以一種疾速的節奏在充滿高低丘陵坡地的路上奔馳。旺季一天十多班的飛機班次、淡季一天則降至約莫七班次，有時因為天候不佳的因素，「一整天都沒飛」對居民來說無需多怪，「沒飛就沒飛，不然要怎麼辦呢？」看似豁達，卻培養出與天候共存的生活文化。小島上的時間，不是以均質的24小時為基礎，也並非在都市裡邀約會議訂定幾點幾分的時間刻度。

遇到淡季飛機減班，搶時間的功夫很重要，搶時間才能搶空間。養殖淡菜的大哥們的一天會在凌晨四點開啟，天未亮就坐著小舢舨船下海，沿著延繩拉起一袋袋網袋，拿上岸先以過濾過的海水清洗，將纏繞的淡菜彼此分開，再倒到不鏽鋼的作業平台上，開始敲除附著於淡菜上的藤壺，分級大小顆後，再一箱箱的以兩層以上的透明塑膠包裹得密不透風，才能安全地通過航空檢查人員的眼睛將貨運往台灣。所有工作需要在中午前完成，否則很可能

因貨運過多，到傍晚六點最後一班仍無法送上飛機，這時就會接到航空公司來電：「請將淡菜取回，明日請早。」不時看見傍晚挑燈夜戰的大哥大姐們將一箱箱淡菜重新解開放回海水裡，才能保持新鮮。「氣死了，這些貨都出不去，只能明天再重複一次。」，「這樣不就今天的工作都白費了嗎？」我問。「對啊，不然能怎麼辦？」大姐務實的一邊動作，一邊跟我閒聊著。

回憶起初來乍到馬祖的第一年，試圖用電話打給重要的約訪人士。因為來馬祖的時間極為有限，因此希望獲得對方日期、時間、地點等確切答覆。沒想到好不容易電話撥通了，卻換得：「你來了再說！」的回覆。一時之間令人崩潰，這樣我要如何安排行程？如何訂購機票、住宿交通？落地馬祖開店後，才終於明白這句話背後的意思，天候不穩定導致機場關場、飛機不飛成為日常的一部分，島民的工作節奏往往無法按排定的時程進行，小島的人情網絡綿密成為互助生活的支柱，而時間表在這座島上只是參考用，連島民都無法掌控自己的時間。

沒有地方感的時間

不太喜歡用「二地居」來形容自己穿梭在不同任務之間的住居狀態，尤其「地方」的存在在當代已經面臨需要被保育的程度。前往馬祖的路途上，會感覺有一個地方正在等著我一起加入、創造地方的改變，地方的輪廓能被清晰感知，有人、有海，以及高低起伏的山陵地。反之，從馬祖回到台灣本島，我不會將高度流動人口暫居的空間稱為地方，或許可說是家、大樓、社區，也可以是一個地區。離島有意思之處在於，它能突顯維繫一個地方存在的難能可貴，而相對於離島的台灣本島，因為交通、物資、人際往來都過於便利，所有的事物都能被整齊劃一的切割或分工。

這兩年因為禁不住各方好友的請託，及好奇消費者吃到淡菜後的回饋與反應，我做起賣淡菜的小交易，也當作是田野市場調查。下單前我都會複製貼上「離島天候狀況不穩，無法指定到貨日期，出貨日配合飛機航班情形調整延後出貨……」一般而言，家裡親朋好友聚會要吃的不會那麼在意到貨日，但對於開店的餐廳來說，往往都要求採用「最新鮮」的海鮮，也意味著搶時間的大戰開始了。

只要是將淡菜出給餐廳用的日子，我的心總是七上八

下，不時打開航空公司的公告，確認淡菜是否上機。縱使如此，仍有數次的（不）意外發生了，一間高檔餐廳的窗口怒氣沖沖打來：「這樣的損失難道要餐廳自己負責嗎？」看到訊息真的是又好氣又好笑，連島民都掌控不了的天氣，誰又能為無法如期上飛機的淡菜負起責任？大家都稱讚馬祖的淡菜好吃，但這段搶時間而換來最新鮮的淡菜，從產地到上桌的過程，卻難以好好地對作為產地的地方產生理解。

將地方帶到更遠的地方

很難忘記，在熱鬧的首都東京一間集結來自日本全國三十座偏遠島嶼的食材製成的套餐、加工物產為主題的「離島廚房」，吃到一碗被用心標註物產來自離島的吻仔魚丼飯那刻的感動，是激發我燃起「將地方帶到更遠的地方」的核心動力。魩仔魚在台灣是低價的食物，有人認為它是低階的魚種。在馬祖，也有將下雜魚鋪上層層鹽巴釀魚露的作法。總之，魩仔魚就是不具有經濟價值的食物，通常以低價或隨意方式處置。在東京離島廚房菜單上發現這道餐點的存在，驚奇也好奇究竟是哪裡的人們如此認真對待這個物產。

地方根源於在地，地方的情況非在當地生活的人們，難以對外言傳或意會。然而，正是這些伴隨著穿梭不同空間、置換不同時間感的任務旅程，將地方轉換為物件，再經由人們創造的雙手，將地方帶到更遠的地方。

Vol. 13

新世界與圓盤樂團

文字、攝影——高耀威

今年4月，我到日本大阪找日下慶太，除了訪友這個目的，主要是要拿錢給他。他自費出版的攝影集《隙ある風景（一窺囧鏡）》，放在我的書店賣，成績出乎意料的好，賣了快50本。新冠肺炎疫情剛爆發時上架，我問他該怎麼結帳，他回我：碰面再說。一下隔了三年，總算可以帶現金去大阪當面付款給他。這篇文章裡部份的資訊，也是這次碰面時，順道採訪而來。

約十年前，大阪阿倍野區的文の里商店街，為了提振日漸蕭條沒落的景況。向大型廣告公司求助協力振興，該廣告公司無償投入，由任職其中的日下慶太，規劃商店街海報設計展，號召全國創意人參與

Fool, dumb, and that's OK

競賽，引爆話題創造高度效益與笑果。當時看到那些恣意奔馳的廣告文案，大膽幽默的畫面構成，給人一種暢快感，一條街區能這樣豁出去玩，實在超過癮！那是日下慶太帶給我的最初印記。

第一次見面，是我仍在台南正興街開店辦活動的那段日子，有一天從雲林來的地方單位帶日下慶太來參訪。我給他看我們發行的街區雜誌，他露出興奮的眼神，說我們在做很像的事情。然後拿出手機，打開一個App，播放其中的音樂給我聽。他說那是他們自己研發，能播放出幽浮喜歡聽的聲音或音樂，吸引祂們出現。把奇幻的事講得像在分享美食一般，當下我就決定要好好follow這個人。

一起認真搞怪玩的姊妹街

2018年，我與台南的街坊鄰居組了交流小隊，飛到日本與當時正在大阪新世界市場商店街搞活動的日下慶太，舉辦跨國聯誼會，並慎重又誇大的規劃成「姊妹街簽署儀式」，這顯然是模擬國家之間姊妹市的交往形式。出發前的溝通，只透過臉書訊息傳一張原子筆隨手畫的圖，彼此已大略明白其意。同道中人之間的默契與信任，容許模糊或留白的部份，各自詮釋自由填滿，核心精神相通了，表現形式就不需要限制或再仔細確認。儀式共有三個階段，先由雙方代表演說、分享各自街區的經歷與現狀，接著台日兩隊代表以五戰三勝制進行乒乓球賽，然後是大阪料理與台南美食PK賽，最後再進行雙方街區自組樂團的表演賽。

新世界位於通天閣附近，我們從地鐵站走出來時，日下慶太已經在門口等我

（攝影／Over）

高耀威

在長濱經營書店「書粥」及淺居空間「麵包宿」，並成立一人出版社「書粥工作室」，獨立發行第一本書《疫情釀的酒》。曾在台南組織「正興幫」，創辦街刊《正興聞》。最近在台南與香港朋友共同經營一間複合式實驗空間「不不」。個人著作有《不正常人生超展開》。正在持續探究另一種快樂活著的方法。

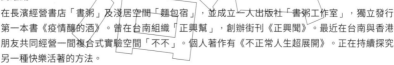

們。拍照寒暄後，他牽著腳踏車領路，一邊走一邊指著對面某棟老建築說：那邊不能隨便張望，會有危險！本來鬆鬆的氣氛，突然注入一點緊張感。題外話，日下慶太本

人，肩上的亂亂捲髮，搭配鬢角與不太修飾的鬍子，表情只要稍微認真起來，也會給人一種危險感。由於他認真的時候，可能是聊著阿富汗的獨自旅行，或是召喚幽浮的妙事。那種違和感，正是我認為他迷人之處。

他先帶我們去他與朋友的基地「PiKA SPACE」居酒屋，也是姊妹街簽署儀式的舉辦地點。最近剛被電視台定位為人間國寶的「PiKA SPACE」老闆くまがい はるき，在商店街的閒置空間為我們打造乒乓球桌。儀式開始前，日下慶太在臉上畫了對稱的兩國國旗，我們用書法撰寫姊妹街合約，各自用自己的方式認真。講座順利進行，乒乓球賽激烈到桌子差點被雙方殺球震垮，料理PK毫無懸念地由我們台南老店代表端出的滷鍋與香菇雞湯勝出。樂團表演的時刻，新世界先派出赤裸上身、下著尺寸過小的黑色緊身褲大鬍子先生，挺著大肚腩，腳穿鉚釘拖鞋，嘶吼演唱X Japen歌曲上陣。成功吸引我們嚇傻的注目，接著奇裝異服、詭譎妝髮的圓盤樂團才從門口列隊魚貫入內。迷幻的曲風（相當好聽），華麗的舞台效果，最後再帶著我們一起以竹筷敲擊酒瓶念著咒語，進行召喚幽浮的儀式。日下慶太說，三次會有兩次成功！我是信了。

隔年，圓盤樂團就來到正興街，加入我們舉辦的「正興破壞王」活動演出。團員有八成的人連台灣都沒來過，一股傻勁帥氣來到台南。活動當晚，照

樣以炫目演出搭配詭異儀式來召喚幽浮，可能當下大家都暈了，沒人注意到任何UFO的蹤跡。事後日下慶太說可以問問看附近的人，結果一位街口賣炸彈蔥油餅的老闆，傳來一張照片，是樂團演奏時，正上方有不明滯空光點的照片。我秀給日下慶太看，我們都笑了。

被雙手撐住的空間和心

隔了三年疫情，我總算得以藉著「送錢到大阪新世界」這個理由再去拜會他，也想知道這位先生在做些什麼事（中間透過朋友得知，他曾帶著自己出版的攝影集到香港書展擺攤）。約好碰面的這天，他開著白色箱型車，後座滿滿的露營設備，隨時能出發和車宿的狀態。他載著我們去奈良，說要去山上。沿途車上聊天，得知他每個月會有幾天獨自開車到野外露營，目的仍是尋訪幽浮可能出現的地方。接下來有兩本書的出版計畫，一本是幽浮旅行散記，另一本是幽浮追蹤攝影集（上市後一定會進貨來賣！）圓盤樂團仍在四處演出，團員來來去去，樂團始終沒有解散。這天的小旅行，我們無謀路過參觀了真理教殿堂，到有著巨樹的古老寺廟參拜，欣賞滿坑谷的櫻花，到水流湍急的地方，拜訪傳說中神龍盤據的幽谷。

日下慶太持續在不同的偏遠鄉鎮，從事顧問及企畫宣傳工作，為孱弱的地方注入新意與活力。與被他戲稱「隔壁的國寶」戰友くまがい　はるき，繼續在新世界經營如怪咖巢穴般的「PiKA SPACE」。只是因為疫情衝擊，目前轉型成寫真攝影集水煙店。中間還曾短暫變身成拉麵店，因為太累才又轉換（同時兼營一間24小時無人水餃店）。我走進「PiKA SPACE」時，左邊一位大叔與女伴，跪臥在榻榻米上，一邊抽著水煙，一邊翻閱寫真集。くまがい　はるき看到我，拿出當初姊妹街儀式作為交換信物的旗幟，日下慶太馬上像個變態一樣拉開上衣，露出穿在裡面的姊妹街交換T恤。那幾幕連續畫面，讓我感到心裡某座傾斜的危樓被人雙手撐住。我像以前一樣相信，三次會有兩次出現，無論是什麼。

Fool, dumb, and that's OK.

005

物件 & 遇見

Meet

Vol. 3

你還有在戴手錶嗎？

（插畫／奇亞子）

黃書緯

都市社會學者。喜歡喝酒，時常跑步，覺得閱讀推理小說的樂趣多於學術論文。會幫家裡電器取名字，三不五時跟他們說話，因此這裡寫的都是我跟他們之間的互動。當然，還會多那麼一步，談談互動背後的社會設計。

自從智慧型手機成為生活密不可分的裝置，我跟大多數的人一樣，漸漸覺得手錶不再是生活的必需品。反正不過就是看時間嘛，手機不就有時間可以看？就算不看手機，走在路上抬頭望去，捷運、大樓、百貨公司、便利商店，到處都有時鐘在提醒我們時間。這些大大小小的時鐘亦步亦趨地微調著我們的日常行動，上班時間、午茶時光、三分鐘後到站、五分鐘後出發、指揮中心直播、中午整點開賣，都市生活就是這樣運作著。無怪乎社會學者Nobert Elias說：「時鐘是多方調節人類行為的手段」。

當然，使用時鐘來測量物理時間是相當晚近的事，但對細節的需求則是隨著社會發展而演化。在伽利略之前，人們是以日照的消長、作物的生長來測量自然時間，教堂頂端高聳的鐘塔是為了在早、中、晚響起好提醒信徒做禮拜。隨著工業化發展，公共時鐘需要顯示鐘點才行，而分鐘、秒數的顯示更是因應越來越匆忙且精準的生產需求。

手腕上，戴的是哪一種時間

與時間分秒必顯一同演化的，是顯示裝置的逐漸縮小。1810年6月8日，那不勒斯王后卡洛琳・繆拉（the Queen of Naples）委託Abraham-Louis Breguet，製作出史上第一隻腕錶N。2639，標示著「物理時間」這個在伽利略時期許多物理學者激辯著的重量、空間距離、力學、數學的自然現象，終於可以因著陀飛輪（tourbillon）、捲繞機制（re-winding）與雙層游絲（overcoil）等等複雜的工藝技術將時鐘以黃金絲線鑲嵌在手鐲上，好套在王后的纖纖手腕之上。

不過，手錶的大規模普及，得一直等到Société Cartier在1911年想出了用皮帶及扣，將懷錶綁在手上的方法，並推出著名的Santos手錶後才開始進入商業化階段。到了1967年，瑞士人更首度將石英鐘做成石英錶，手錶也由手動／自動上發條的形式，發展到用石英、電子等動力顯示時間，售價也大幅降低。到了卡西歐跟Swatch時代，每個人甚至擁有不只一隻手錶，好搭配我們不同時間的穿搭品味。

於是，就在手錶問世的一百年後，當我們習慣用手機報時，當我們把手錶從腕上卸下，這才發現「手腕」一直是觀察一個人生活方式最好的方寸之地。好比說，因為長時期的密集勞動，小吃店老闆得時常帶著護腕好支撐腕關節及減輕壓力，以減緩腫脹或疼痛感並改善血液循環。又好像，如果看到某位家長在手腕上帶了五條橡皮筋，他或許正是Kelly Holmes橡皮筋魔法的實踐者，每當有對孩子動怒的念頭，就會把其中一條橡皮筋從左手腕移到右手腕，好提醒自己要注意情緒。即使，眼前這人手腕上空空如也，但在他那黝黑手腕上的那段白色肌膚，卻總是引起我們更大的好奇心：「他的手腕上，本來是戴著什麼呢？」或者，他想戴上什麼？

如今，人們的手腕上除了飾品，大多數時候出現的是「智慧型手錶」（smartwatch）。雖然，這些內建作業系統的手錶有著例如相機、加速度計、溫度計、高度計、氣壓計、指南針、計時器、計算機、手機、觸控式螢幕、全球定位系統、顯示地圖、顯示圖形、外接揚聲器等各式各樣的功能，但我們仍舊能從這些手錶一眼看出穿戴者對其生活的想像。戴Garmin運動？他可能想要建立規律的運動生活，不但記錄每次運動的訓練成果，還想在每天醒來時第一時間知道自己的體能情況。戴Apple Watch？他可能想要打通複雜的Apple服務生態系，就算不想笨拙地用語音輸入回電子郵件，至少要能帥氣地說：「嘿，Siri，幫我播放NewJeans的Supernatural！」。戴Xiaomi智慧手錶？嗯，你真的有一對很怕小孩走丟的父母呢。

表面上看起來，智慧型手錶的演化過程跟普通手錶一樣，都是在把一個大型裝置縮小放到手腕上，然後把原本在電腦或手機上運作的複雜資訊同步到小小的手錶螢幕上頭。但與後者不同的地方在於，此刻人們所在乎的時間，既不是自然世界的物理時間，也不是生產關係的社會時間，而是內觀自我的「生

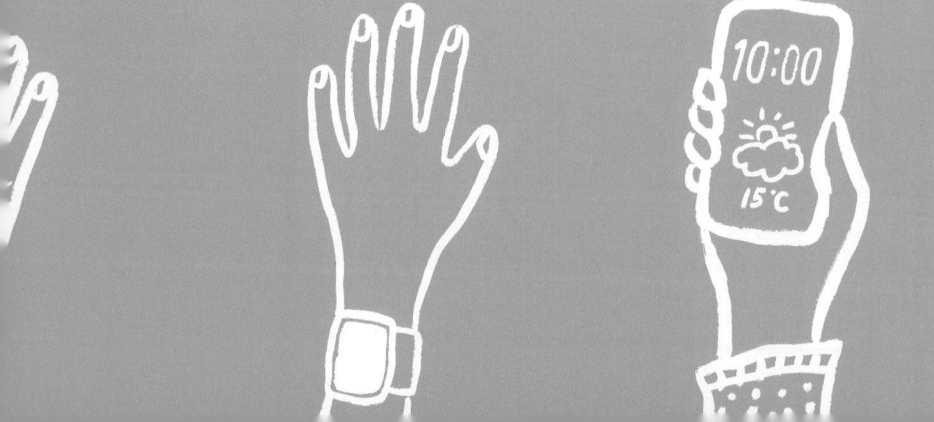

理時間」。藉著光學心率感測器（Heart Rate Sensor），手錶可以偵測運動時的心跳是否有達到課表設定的強度；配上能偵測手腕動作的加速度計（Accelerometer），手錶可以判斷使用者此刻是運動或靜止，藉此記錄我們的睡眠品質；而hh.mm.mmmm（小時，分鐘和分鐘的小數位）與GPS座標格式，則讓手錶藉著標記當前位置與編輯這個條目的名稱和座標，完成使用者移動間的紀錄或導航。

運動教練，還是心靈導師？

曾經有一段時間，我的左腕總是戴著Garmin的路跑手錶，甚至留下一段明顯的曬痕。那是在我決定要認真投入馬拉松練習的時候。為了添購適合的人身部品，我每天上跑者網站，比較每雙鞋子的評測、挑剔不同廠牌的衣褲，甚至對防風眼鏡也指指點點，就只有手錶，是毫無懸念地買了Garmin。畢竟，五顏六色的衣鞋褲帽彰顯的是一個人的時尚品味，但路跑手錶宣示的是你對運動的認真程度啊。

清晨四點，我在手錶鬧鐘的震動中醒來，煮咖啡的時候順手看一下自己的 Body Battery。使用手冊上說明，採用 Firstbeat Analytics 演算技術，Body Battery 能量呈現的是手錶監測身體活動、壓力、休息及睡眠恢復力後的綜合影響。等身子醒了，走下樓跑步，按下按鈕後跳出來的是線上教練針對我四個月後馬拉松賽事完賽目標所排好的課表，我要做的就是聽從蜂鳴器的指示聲，或是慢跑、或是加速、或是緩和、或是重複。等完成教練給定的課表，按下停止鍵，錶面立刻跳出本次練習成果，還有需要休息多久才能恢復體力的提醒文字。

戴上Garmin，就像戴上運動員的自覺，生活的重心就是練跑，生命的意義在於破PB（Personal Best）。就連晚上想要追劇喝酒放鬆，都會因為手錶整天追蹤持續測量我的生理壓力，並以 0 到 100 之間的數值呈現，而擔心我自以為的放鬆是否在教練看來其實是自律神經系統受交感神經支配，且支配

程度隨著壓力升高而增加，最後對身體能量造成消耗，結果就是第二天睡醒但身體能量沒有恢復到該有的數值。於是，本來就很焦慮不知道吃不吃得下來的課表，因為教練的提醒而更焦慮了，身體能量持續幾天的低潮，開始猶豫是要該嚴格地自我克制，還是乾脆把手錶脫掉丟在一邊？這心情跟面對真正的教練沒什麼兩樣。

但也跟運動員賽後與教練相擁一樣。當吃完課表的我，清晨摸黑到起點集合，槍聲一響跟著眾人起跑，一路上聽著每個跑者的手錶此起彼落地提醒「你已完成一公里，時間，五分三十秒」時，就會想說馬拉松怎麼會是孤單的運動呢，沒聽到我們每個人都有教練陪伴著嗎？四個小時後，通過終點線，按下停止鍵，錶面上跳出來的除了完賽成績，還有一枚恭喜完賽的小徽章。就算大會送的獎牌會因為搬家而丟到垃圾堆，但這些我跟教練一起努力得到的小徽章可是會一直存在APP上的啊。

然而，征戰賽道數年，體力大不如前，課表吃不下，成績跑不好，不免心生退役之嘆。此刻在左腕陪伴我的成了Apple Watch。

老實說，雖然Apple Watch也有很多運動功能的選項，但在專業程度上實在有些不足。於是我雖然照常四點起床、出門跑步，但我實在很難一眼看出自己最近的練習成果，更別說是建立長期的訓練課表。於是我開始跟自己說：「既然退役了，那就跑健康的吧」。放～輕～鬆～，生活除了破PB還有很多事情可以追求嘛。正這麼想，錶面就跳出一個「正念冥想」的圖示。

點開圖示，出現一段提醒，要我中斷手邊的工作，想想人生除了別人給定的目標外，還有什麼是我內心真正想追求的？按下開始，五彩斑斕的波紋讓人放鬆心情，沉浸到思考之中，不知不覺一分鐘就這樣過去。然後，錶面下方出現了「紀錄心理狀態」的按鈕，一個個的選項引導我思考此刻的情緒、情緒的成因……啊，好像真的可以釋懷了。於是，比起按下運動功能，我更多地在日常生活中點開正念選項。焦慮的時候、開心的時候，Apple Watch就像是個心理諮商師一樣引導我面對自己的內在世界，並且不會給予任何論斷評價。研究指出，反思個人心理狀態有助於增強情感意識和抗壓能力，何況Apple Watch配備的環境光感應器還可以幫助我追蹤每天在日光下是否有待15-30分鐘，好減輕焦慮和壓力，並提升正面情緒。

是以，如果說Garmin是運動教練，那Apple Watch就是心靈導師，前者要我們鍛鍊自己好征戰外界的殘酷賽道，後者則是引導我們面對內在自我以抵禦社會壓力。而這兩種不同的產品定位，正是透過組裝調教不同的感測裝置後，所提供給使用者的不同設計方式。

方寸間，成為不一樣的人

於是，比起「穿戴式裝置」（wearable device），我更願意稱智慧型手錶是一種穿戴「視」裝置。也就是說，如果過往手錶的功能在於讓看不見的社會時間可視化，好讓人們藉此同步彼此作息的話，此刻智慧型手錶的功能在於讓人們看見自己身體的狀況、睡眠的品質、所在的位置，看見自己此刻的主觀感受如何轉化成為彼時的客觀數據，看見我們這微弱肉身與殘酷世界互動後的各種痕跡。

作為一種「行為嚮導技術」（behavior-steering technology），智慧型手錶一方面影響外在世界呈現給（for）人類的樣貌，另一方面也影響人類應對（to）外在世界的行動，而不論有意或無意，在考慮要買哪款智慧型手錶、戴上手錶的那一刻，我們就成為不一樣的人。

From 瀚嶢—— 新北．新店

親愛的柏璋：

今年夏天，終於在幾次野地行程中看見你們家活潑的小寶寶，是個不怕髒不怕移動，又充滿好奇的堅韌生命！

帶著孩子，要在野外走動，想必會改變我們看待環境的方法吧。我近期總想，帶著學生，帶著伴侶或朋友，帶著長輩或幼兒，我們的行走意義都將完全不同。為何過去在某種西方博物學探索的典型印象中，我們總覺得自然觀察是孤獨而不介入的行動呢？

夏末，我困於畫稿的地獄中，眼見又是新學期開始，想到野外走走的慾望逐漸在心中滋長，一邊畫著圖，一邊想著，此刻又是什麼樣的行走呢？或許有工作在身的野地行走，又是種截然不同的意義了。

手邊正在畫的稿子，是一叢雙扇蕨，外觀如同其另一俗名——破傘蕨，一列破掉的傘沿著步道撐開。一看就是東北季風林緣的景象。雙扇蕨主要分布於北台灣迎風多雨的坡面，有時幾乎佈滿山壁，像綠色的花海，非常壯觀。

跟著畫筆遊走，雙扇蕨繁複的葉片其實有著高度的規則，與「破傘」的凌亂印象完全沾不上邊：一個圓面二裂，每半各二裂，然後每半又再二裂，五或六回才停止，曲折如北海岸被浪侵蝕出的灣澳，每個峽灣又都是鋸齒邊緣，而整體居然還能被視為輻射的圓傘，或者兩只半圓扇子，真是極度精巧的圖形。

雙扇蕨的意象，如今總被連結到北宜之間錯綜的淡蘭古道，我覺得其中有多重意義。淡蘭古道如蕨葉的脈，先分成三路，彼此又往復交織在基隆河與雙溪流域之間，水與人一同開路，串連的是蘭陽與台北的網狀物質交流，現在成為都市與山的空間交流，或者是現代與前現代的歷史交流。

黃瀚嶢

生長於台北，在城市間隙發現觀察野地的樂趣，從此流連忘返。森林系畢業後，從事生態圖文創作與環境教育，經營粉專「斑光工作室」，靠著偶爾路過的靈光努力生存。

Dipteris conjugata 雙扇蕨

除了形狀的聯想，生態上，雙扇蕨被視為台灣東北部季風林的指標。這些在林緣遮陰下的蕨類，葉片繁複的裂隙，我想多半不是為了光的利用，而是在多風雨的環境中，一種讓氣流雨水通過葉面，免受催折的樣貌吧。而沿古道健行時，夾道伴隨著雙扇蕨的紋理，更多的是一種美學意象。

對於東北季風林，配合著雪山山脈砂頁岩混合的崎嶇岩壁，我總有種想像——那整面山坡是活的。雙扇蕨釋放孢子的高峰在夏季，而隱密的生殖交流，就在秋日健行者的腳邊。濕潤的夏季過後，土壤飽含水分，蕨類四處散落的孢子，發育出類似苔蘚的配子體，開始釋放游動的精細胞，蕨類的婚配繁衍極其低調，而且高度仰賴環境狀態，若在夏秋陣雨後，沒有緊接著東北季風帶來的雨水，還有護坡保水的森林植被——這些貼伏地表的微小動態如何可能？

天地護生，動植物自帶適應環境的韌性，其實完全是交出自我，與環境一同運作。而人類文化創造的，其實也全都包裹在生態系統中。那些擔負物資的先民，荷重而開的步道，現在反而利於親子偕行， 我們以各種行走，再度與這一切交織。而行走總是背負著什麼的，永遠牽掛糾纏，永不孤獨。

好久沒看到夾道的雙扇蕨了，只好在筆下的圖文間，反覆神遊淡蘭。

祝秋冬闔家安好。

雙扇蕨屬出現於熱帶。
台灣是最北的分布地。
東北季風和淡蘭古道這兩大
印象如今和其密不可分。
秋季是雙扇蕨行有性生殖的時期。

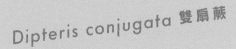

親愛的瀚嶢：

寶寶長好快，夏天跟你在落葉堆玩耍時才正要蹣跚學步，現在已經能穿上迷你童鞋，在草地搖搖晃晃地奔跑了。

長輩總是勸誡，戶外有烈陽、強風、蚊蟲，以及各種未知的危險，還是盡量讓寶寶待在家裡好。但野地本身即是不設邊界的學習教室及運動場，自然且多樣的環境能造就多元的感官與認知刺激，我認為這在嬰幼兒成長過程中是不可被取代的。

對我而言，揹著懵懂的嬰孩於野地行走的意義之一，是體驗人類生命自降生後、到開始被世俗道德與規矩約束前，以純粹的本能狀態，如何與自然世界互動？會被形塑成何種模樣？意義之二，背負著新生命的徒步旅行，步伐雖沉甸而緩慢，卻讓我得以重新體驗並思索人類之所以需要行走的意義。

揹寶寶出門散步時，我常刻意遊走於水泥叢林裡滋長綠意的間隙，枝葉、草桿、果子、落花……邊走邊尋寶，再遞給身後的寶寶觸碰。不論是路過公園、湖畔、人行道、住宅區甚至科技廠房，最常撿到的寶物，就是樟樹的枝葉花果，不僅能讓寶寶練習抓握，還可搓揉聞香，在躁動時安定心神。

住家附近的山丘上，有棵獨立且美麗的大樟樹，我常在這裡卸下嬰兒背架休息乘涼，順道帶著寶寶向一旁的石板伯公參拜。「清朝時期此地開墾，樟樹成林，附近有焗腦寮，致砍伐殆盡。目前此老樟樹碩果僅存，樹齡約三百年，是新竹市僅存最高齡的老樹。」，廟裡的碑文如此寫道。

新竹、苗栗一帶曾是全台樟腦產量最大的區域，過往樟樹成林的時代已然難以想像，如今僅能從眼前高大的老樟樹，以及多處與樟、腦寮相關的地名一窺端倪。樟樹

陳柏瑋

熱愛山、攝影與書寫的野外咖，時常帶著相機與紙筆，在野地裡打滾整天。目前與一群好夥伴共創森之形自然教育團隊，試圖在人們心中埋下野性的種子。

Camphora-officinarum 樟樹

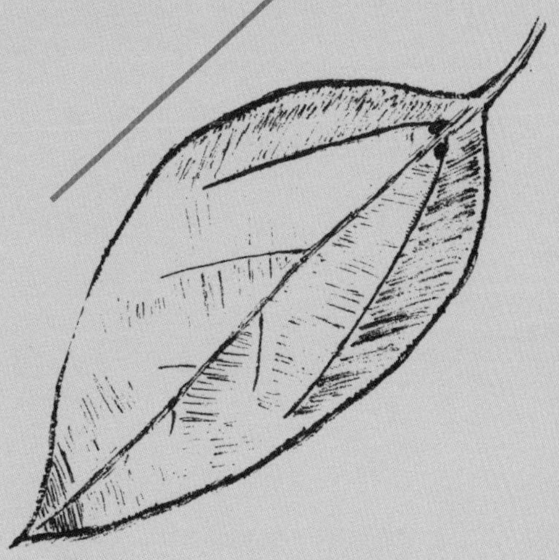

樟樹是所有人的芳鄰，
如此常見、如此親切，
身上竟有挖不完的故事。

作為台灣亞熱帶常綠闊葉林的代表，全島低海拔適宜生長，而丘陵淺山遍布的竹苗縣市，尤其與雪山山脈接壤的沿山地帶，堪稱樟樹大本營。以樟為主體所構築的風土面貌在此應運而生，更造就一條與淡蘭古道齊名的路線——樟之細路。

走過樟之細路數段（最近開始也揹寶寶去走），山勢起伏、林相蓊鬱、炊煙裊裊，非常適合行走。但沿途一股違和感卻始終伴隨——樟樹呢？理性知曉樟木成林是歷史，情感上卻不易接受。曾經遍布的樟樹，當今要見上一面都困難重重？弔詭的是，在全然人工化的新竹市區裡，人為栽植的樟樹卻又隨處可見。

前些日子，在住家附近種滿樟樹的道路上，看見一隻白鼻心從車燈前掠過，迅速爬上樹幹不見蹤影。善於爬樹的牠，想必對樟樹那粗糙、佈滿縱裂紋理的樹皮，情有獨鍾。不禁好奇，對熟悉樟樹的白鼻心來說，三百年前竹塹社的樟樹天然林，與現今新竹科技城的樟樹人造林，會有區別嗎？

或許，牠們曾經悼念不見盡頭的天然樟木林，以及爬上通天巨樟後所見的風景。或許，牠們早已適應水泥叢林，也習慣了胸徑小、冠幅窄的年輕樟樹。也或許，牠們只專注於腳下步伐，透過自己的眼光將都市破碎的綠意重新編織，串成專屬這個時代的生活地圖。總覺得，每天揹著寶寶四處遊走的我，跟白鼻心有些相像。

啊，我好久沒看到淡蘭古道上的雙扇蕨，你也好久沒跟我們到獅潭那樟之細路旁的林場了。改天還是要相約到各自地盤野地行走，到時說不定寶寶都能自己走了呢！

祝歲末安穩。

好好吃飯

臺南淺山的理想初味

A JOURNEY INTO
THE SUBURBAN HILLS
OF TAINAN

蕭佑任
文・圖

走進臺南淺山，
相遇人與土地，
尋找內心深處遺忘已久的滋味

臺南市政府文化局

make paths 裏路

品質保證

淺山特等

這是一本許久沒能認真吃飯的平面設計師，步入臺南淺山地區的引路之作。
他遇見種植麻竹筍的人、採集青草的人、釀造醬油的人與柴焙龍眼的人……，
重新認識這片土地的同時，也逐步尋回心目中失落的理想餐桌。

△十月上市，一同入淺山 △全臺實體書店、網路通路均有販售

◀◀ **最新出版消息敬請關注裏路文化**

站點資訊

北區

⊙新富町文化市場—台北市萬華區三水街70號

⊙雜草町—台北市大同區延平北路三段52號

⊙COFE 喫茶咖啡—台北市大同區迪化街一段248號2F

⊙信星青年旅館—台北市大同區華陰街50號4樓

⊙合星青年旅館—台北市大安區忠孝東路四段147巷5號3樓

⊙河神的丸子—台北市中正區詔安街38巷2弄5號

⊙市民書店—台北市松山區市民大道四段25號

⊙坪感覺—新北市坪林區坪林12號

⊙十三商號—桃園市龜山區東華巷19號1樓

⊙只是光影獨立咖啡廳—桃園市桃園區新民街43巷10之1號

⊙Vittaria Café & Books 書帶蕨—桃園市桃園區同安街373號

⊙海邊書坊3.0—新竹市東區南門街59號

中區

⊙共發—苗栗縣苗栗市五權街10號

⊙東海徐咖啡—苗栗縣苗栗市日新街1號

⊙雙峰草堂銅鑼燒茶屋—苗栗縣銅鑼鄉雙峰路86之一號

⊙小院子的日常—苗栗縣苑裡鎮上舘里上舘49號

⊙時光—台中市中區台灣大道一段199 巷1號

⊙民生路老宅56-3—台中市西區民生路56巷3號

⊙誠星青年旅館—台中市西區公益路68號15樓

⊙SketchBook—台中市東勢區本接一巷72號

⊙阿畝MudClub—彰化縣溪州鄉溪州村永安路1號

⊙白色方塊咖啡&工作室—彰化縣彰化市公園路一段50號

⊙Skinny Cafe 瘦子咖啡•鹿港大街—彰化縣鹿港鎮中山路163號

⊙省府日常散策—南投縣南投市光明里光明二路92號

⊙光影正好Light Studio—南投縣草屯鎮中正路247號

⊙三小市集食育基地—雲林縣斗六市九如街51號

南區

⊙環時好室—嘉義市西區中央第一商場66號1樓

⊙秘書店—嘉義市東區中山路201號3樓

⊙舊監更生島—嘉義市東區維新路134巷23號

⊙雪香亭—嘉義縣大林鎮中山路68號

⊙透南風咖啡聚場—台南市中西區永福路二段35巷6號

⊙小轉角ArtDe Corner—台南市中西區開山路235巷13號

⊙boven 雜誌圖書館台南館—台南市中西區南寧街83巷11號2

⊙harmone—高雄市三民區自由一路8巷46號

⊙格外農品—高雄市三民區灣興街36號

⊙旗山常美冰店—高雄市旗山區文中路99號

⊙菸仕物所—高雄市美濃區中山路一段25號

⊙心傳租書社—屏東縣內埔鄉原勝路105號

⊙33 1/3咖啡焙煎所—屏東縣東港鎮信義街37號

⊙金弘麻油花生行—屏東縣潮州鎮光華路54號

東區

⊙蘇澳維生所—宜蘭縣蘇澳鎮中正路17號

⊙NORIMORI Shop & House—宜蘭縣蘇澳鎮江夏路2號

⊙茶籽堂朝陽里海生活店—宜蘭縣蘇澳鎮朝陽路88-1號

⊙樂見里-8號閱覽室—花蓮縣花蓮市中華路144號第8棟

⊙鹽花—花蓮縣花蓮市海濱街71號

⊙美好花生—花蓮縣鳳林鎮中和路36-1號

⊙大同戲院—花蓮縣壽豐鄉豐山街28號

⊙山鄰山林青年文旅—花蓮縣玉里鎮大同路228號

⊙路得行旅台東1館—台東縣台東市廣東路162號

⊙野室珈琲—台東縣台東市浙江路350號

⊙島嶼東方／在鄉下生活的日子—台東縣池上鄉中華路57號

⊙海癒小村咖啡店—台東縣太麻里鄉華源村大坑4號

離島

⊙馬祖梅石軍官茶室—連江縣南竿鄉清水村84-12號

⊙小柒咖啡•馬港店—連江縣南竿鄉馬祖村94號

⊙西尾半島物產店—連江縣南竿鄉四維村21號

⊙津寮・創生基地—連江縣南竿鄉50號

⊙Beacon 客廳—澎湖縣馬公市民族路43號

⊙農嶼海。澎好青—澎湖縣湖西鄉湖東村28-3號

⊙村復號—金門縣金城鎮民族路43號

⊙夏卡爾民宿—台東縣綠島鄉公館村溫泉路48號

make paths

們不只是雜誌，
一群文學狂熱者的秘密基地
備好迎接文學的新鮮感嗎？
開聯合文學雜誌，
學的新潮流將襲捲而來！
們可以保證的是，
月收到的不僅是雜誌，
是一場真正的質感閱讀體驗。

不只是訂閱，是你的文學私人定制！

我們說的都是假的，你訂了才是真的!!

讀文學或成最大贏家（?）

訂閱一年期加贈 be a writer 寫作日用手帳一本。

咖啡店主都需要

將一次性寄送隨機過刊 12 期。（近三年過刊）

文藝愛侶養成計畫 + 一張愛情養成小卡

訂閱一年期加贈 2020.03 小王子的追降、
2021.11 文青追劇完全指南、2021.06 千江有水千江月。

今天老師想翹課

訂閱一年期加贈 2022.08 性別文學讀本（高中用）、
2023.03 小說之女：90 年代日本女性小說家群像、
2020.09 張愛玲百歲好吃驚。

E 特別企劃！見網友急救包

編輯部精選三期：2021.07 有時孤單的作家徵友啟事、
2020.04 適合分手的好日子、2022.02 時人大稻埕。

現在可以訂半年期了！

F 音樂人帶你讀

訂閱半年期加贈 2020.11 青峰兩萬字長訪談、
2022.12 今天的瑪莎先生

G 日本重磅小說家的總和

訂閱半年期加贈 2018.10 東野圭吾的總和、
2022.11 宮部美幸 10X10

UNITAS
聯合文學雜誌

人找回來

。

慶典，

是為了把

和留下來

地味手帖（18） 一個慶典，一百種未來

主編——董淨瑋

特約文字——Fion、歐陽夢芝、周季嬋、王巧惠、楊智翔、曾怡陵

特約攝影——郭宛諭、李維尼、李建霖、彭柏璋

邀稿作者——吳哲銘、張敬業、巫宛萍、蘇育瑩、李怡志、林倩如

插畫合作——Mu Ling、奇亞子、米奇

專欄作者——唐佐欣、施佩吟、高耀威、黃書緯、黃瀚嶢、陳柏璋

封面設計——廖韡

內頁設計——傅文豪

出版——裏路文化有限公司

發行——遠足文化事業股份有限公司（讀書共和國出版集團）

地址——新北市新店區民權路108-3號8樓

電話——02-2218-1417

傳真——02-2218-8057

Email——service@bookrep.com.tw

客服專線——0800-221-029

法律顧問——華洋國際專利商標事務所 蘇文生律師

印刷——凱林彩印股份有限公司

初版——2025年1月

定價——400元

國家圖書館出版品— CATALOGING IN PUBLICATION —預行編目資料

一個慶典，一百種未來＼董淨瑋主編．——初版．——

新北市：裏路文化有限公司出版：遠足文化事業股份有限公司發行，2025.01

面；　公分．——（地味手帖；18）

ISBN 978-626-98631-9-8(平裝)

1.CST: 社區發展 2.CST: 文化行銷 3.CST: 文化觀光 4.CST: 民俗活動

545.0933　　113017041